MTS
신앙 입문 학교
- 지침서 -

교회성장연구소

우리는 각자의 고유한 이름을 가지고 있습니다. 동시에 우리에게는 공통으로 지녀야 할 또 다른 이름이 있습니다. 바로 '작은 예수' 입니다.

'작은 예수', 이것은 우리의 정체성이자, 삶의 목표가 되어야 합니다. 예수님의 가르침이 우리의 입을 통해 전파되어야 하고, 예수님의 사랑이 내 손을 통해 나눔으로 이어져야 합니다. 예수님의 발자국이 우리가 가야 할 길이 되어야 하고, 예수님의 마음이 우리의 성품을 지배해야 합니다.

이 세대에 이러한 '작은 예수'들이 절실히 필요합니다. 나부터 작은 예수가 되기를 소원해야 하고, 더불어 우리 모두가 작은 예수라는 공통된 이름을 가져야 합니다. 서로가 각기 다른 존재이지만 작은 예수라는 동일한 이름으로 하나 될 때, 그리고 그 이름에 걸맞게 예수 향기를 이 세상에 발할 때, 하나님 나라는 더욱 아름답고 넓게 확장되어갈 것입니다.

그렇다면, 어떻게 해야 작은 예수로서 살아갈 수 있을까요? 어떻게 해야 이 땅이 작은 예수들로 가득 넘칠 수 있을까요? 우리는 예수님의 사역에서 그 원리를 배울 수 있습니다. 예수님은 사랑하는 제자들을 '세우셨고', '훈련'시키셨습니다. 하나님의 뜻을 그들에게 가르치셨고 그 가르침대로 실천하게 하셨습니다. 그리고 무엇보다 그 훈련의 원리는 예수님이 먼저 본이 되어 주시는 것이었습니다.

작은 예수들이 무수히 일어나기 위해서, 예수님이 제자들에게 행하셨던 그

훈련이 우리 가운데 시작되어야 합니다. 이러한 비전을 품고 본격적으로 MTS 개정판을 출간하게 되었습니다. 특히 이번 개정판은 평신도 모두가 작은 예수화 되는 것에 목표를 삼고 있습니다. 머릿속에만 맴도는 지식 전수가 아니라, 삶의 변화를 이끄는 MTS를 기획하고 구성하게 된 것입니다.

MTS는 소그룹에서 활용하기에 더없이 유익한 교재입니다. 작은 예수가 되기 위한 핵심적인 내용을 소그룹 구성원과 함께 배우고 익힐 수 있습니다. 그리고 그 배움이 앎으로만 그치지 않고, 각자의 삶의 자리에서 열매 맺히도록 도와줍니다. 함께 생각과 삶을 나누고 점검할 수 있는 기회를 마련해 주는 것입니다. MTS를 통한 교육과 훈련은 단지 공부가 아니라, 교제이자 선교이며 삶의 예배입니다.

또한 MTS는 총 10개의 학교로 진행됩니다. 이것은 평신도들이 균형있는 신앙생활을 할 수 있도록 돕습니다. 예수님을 따르기 위해 필요한 핵심 사항들을 체계적으로 정리하여 편성하였기 때문에 누구나 쉽게 배우고, 익히고, 나눌 수 있습니다.

MTS 개정판을 통해 이 땅에 작은 예수가 더 많이 세워지기를 소망합니다. 그렇게 세워진 작은 예수들이 가정과 교회를 변화시키고, 더 나아가 우리 사회와 나라의 희망이 되기를 꿈꾸어 봅니다.

2012. 9
여의도순복음교회 담임목사 이 영 훈

신앙 입문 학교는 처음 신앙생활을 시작할 때 반드시 알아야 할 핵심내용을 정리한 교재입니다. 특히 신앙 입문 학교 과정은 MTS의 다른 9가지 학교에 들어가기 전, 가장 먼저 딛어야 할 출발점이기도 합니다. 평신도들이 거쳐야 할 훈련 단계에서 주춧돌과 같은 역할을 하기에, 신앙 입문 학교는 그만큼 중요하고 세심하게 다루어 져야 합니다.

총 4과로 구성되어 있는 신앙 입문 학교는 크게 두 단계로 나뉩니다.

첫 번째 단계에서는 반드시 알아야 할 복음의 핵심을 담고 있습니다. 하나님께서 어떤 분이시고 인간이 어떤 존재인지부터 시작하여 구원 역사의 흐름 전반에 대해 배웁니다. 그리고 예수님을 통한 구원의 은혜가 지금 우리에게 있음을 배웁니다.

두 번째 단계에서는 구원받은 자들, 즉 신앙인이 어떻게 살아야 하는지를 다루고 있습니다. 구원받은 자는 본격적으로 교회 중심의 신앙생활을 하게 되는데, 이에 필요한 핵심적인 사항들을 다루고 있습니다. 교회란 어떤 곳이며, 교회 안에서 어떻게 신앙생활해야 하는지에 대해 반드시 기억해야 할 내용을 알려 줍니다. 또한 구원받은 자가 그리스도인으로서 어떻게 살아야 하는지에 대해서도 정리해 주고 있습니다.

신앙 입문 학교는 처음 신앙생활을 하는 분들에게, 또한 신앙의 기본기를 다시금 재정비하고 싶은 분들에게 많은 도움이 될 것입니다. 이 과정은 복음의 핵심뿐만 아니라, 복음을 받아들인 자들의 삶까지도 안내해 주고 있기 때문입니다. 이러한 신앙 입문 학교가 개개인의 신앙 성장과 영적 성숙을 향한 귀한 밑거름이 되기를 소망합니다.

MTS를 소개합니다

1. MTS 소개

| 목적 |

- MTS는 SFS(Spiritual Formation Series – 영적 성장 시리즈)로서, 평신도를 작은 예수의 삶을 사는 사역자로 세우는 시스템입니다.
- 평신도 사역자를 체계적으로 양육할 수 있는 시스템을 교회에 제공합니다.

| 특징 |

- MTS(Ministry Training School, 평신도 사역자 훈련 학교)는 평신도를 작은 예수의 삶을 살도록 하기 위해서 제자훈련, 셀 그리고 멘토링과 코칭의 원리를 통합적으로 접목한 훈련 시스템입니다.
- 약 2년이라는 단기간에 10가지 과정을 훈련시킴으로써 사역에 필요한 사명과 자질을 준비시킬 수 있습니다.

| 실행 및 운영 |

- 인원은 개 교회에 따라 대략 다음과 같이 구성할 수 있습니다.

규모	인원
소형 교회	5-10명
중형 교회	10-20명
대형 교회	20-40명

- 대그룹 모임과 소그룹 모임이 필요한데, 대그룹 모임은 전체 인원이 함께 모입니다. 소그룹 모임은 한 그룹 당 5-7명씩 묶습니다.
- 모임은 주제 강의, 소그룹 토론 및 기도회 등으로 이루어집니다.
- 약 2년 과정을 마친 사람들을 다양한 사역현장으로 파송합니다.

| 구성 |

- 먼저 **정규 과정**은 작은 예수의 삶을 살기 위한 '그리스도 알아가기, 따라하기, 섬기기'라는 목표 아래 평신도를 사역자로 세우는 과정입니다.
- 또한 **특별 과정**은 정규 과정을 이수한 사람들이 실제적인 삶에서 작은 예수로 성장하도록 돕기 위한 심화 과정입니다.

2. MTS 약자의 의미

| 명칭 |

Ministry 사역자
Training 훈련
School 학교

| 역할 |

Mentoring or Modeling 가르치는 자의 역할
Training 배우는 자의 역할
Systematizing 시스템을 통해 운영

| 단계 |

Making Believers 신자화
Training as Disciples 제자화
Serving as Workers 사역자화

3. 정규 과정의 구성 및 기간

1) 신자화 과정 : 그리스도 알아가기
　 신앙 입문 학교(4주)

2) 제자화 과정 : 그리스도 따라가기
　 성경 가이드 학교(8주) – 큐티 학교(4주) – 예배 학교(8주) – 성령 학교(8주) / 성령축제
　 (인텐시브 코스)

3) 사역자화 과정 : 그리스도 섬기기
　 소그룹 리더 학교(8주) – 전도자 훈련 학교(8주) – 새가족 양육자 학교(8주) – 가정 행
　 복 학교(8주) – 기도 학교(8주) / 성령축제(인텐시브 코스)

4. 특별 과정의 구성

특별 과정은 일정한 순서가 정해져 있지 않습니다. 일반 과정을 수료한 사람 혹은 교회의 필요에 따라 원하는 학교를 교육받을 수 있습니다.

MTS 특별 과정	
	• 교회 성장 학교
	• 부흥 학교
	• 주일 교사 학교
	• 사랑 받기 위해 태어난 사람
	• 셀프 리더십 학교
	• 리더십 개발 학교
	• 4차원의 영성 리더십 학교
	• 4차원의 영성 중보 기도 학교
	• 4차원의 영성 전도 학교
	• 4차원의 영성 학교
	• 영적 교제 학교
	• 찬양 학교
	• 하나님의 소명 학교
	• 가정 성장 학교
	• 결혼 예비 학교
	• 자녀 양육 학교
	• 크리스천 웰빙 학교
	• 크리스천 재정 학교
	• 사회 봉사 학교
	• 대화 학교

5. MTS 모임 형태와 순서의 예시

※ 예시 자료이므로, 각 교회의 상황에 맞게 바꿔서 활용할 수 있습니다.

시간	순서	담당자	진행방법
6:30 – 6:50	찬양	봉사자들	찬양으로 모임을 시작합니다.
6:50 – 7:00	기도	봉사자들	강의 시작 전 함께 기도합니다.
7:00 – 7:30	주제 강의	담임 목회자	30분 동안 교재의 내용을 쉽고 재미있게 강의 형태로 진행합니다.
7:30 – 7:40	티타임	봉사자들	소그룹별로 흩어지는 과정에서 잠시 교제하며 차를 마십니다.
7:40 – 8:20	소그룹 모임	소그룹 리더	4W : Welcome(아이스브레이크), Word(주제 강의 반복), Witness(삶의 나눔), Work of Prayer(기도 사역). ※ 목회자는 매주 1개 그룹씩 돌아가면서 참석합니다.
8:20 – 8:40	대그룹 기도회	담임 목회자	담임 목회자가 제시하는 기도제목이나 소그룹에서 나온 중보 기도제목을 놓고 함께 기도하고 마무리합니다.

6. MTS 일정

※ 한 과정별로 다음과 같이 진행되며, 8주가 끝나면 워크샵을 진행합니다(4과까지 있는 교재는 4주에 마치게 됩니다).

주	1주	2주	3주	4주	5주	6주	7주	8주	
교재	1과	2과	3과	4과	5과	6과	7과	8과	워크샵
과별 사역	각 과에 필요한 과 외 프로그램을 그때마다 진행합니다.								

※ 워크샵은 다음과 같이 진행할 수 있습니다(당일, 1박 2일, 2박 3일의 세 가지 프로그램 종류가 있습니다. 교회 상황에 맞게 선택한 후, 유동성 있게 조정하여 운영합니다. 1박 2일, 2박 3일 프로그램은 「실행 매뉴얼」에 제시됩니다).

| 워크샵 당일 프로그램 |

시간	순서	진행방법
10:00 – 10:50	예배	한 학교를 끝내게 된 것에 대해 감사예배를 드립니다. 찬양을 10분 정도 드린 후, 약 40분 정도 예배를 드립니다.
10:50 – 11:00	휴식 및 광고	잠시 쉬면서 오늘 일정에 대해 광고합니다.
11:00 – 12:00	1차 복습(1-4과)	한 과당 15분 정도로 복습을 합니다. 배운 핵심 내용을 완벽하게 익힐 수 있게 합니다.
12:00 – 1:00	식탁 교제	함께 식사하며 교제를 나눕니다.
1:00 – 1:30	휴식 및 찬양	식사 후 잠시 휴식시간을 갖고 오후 일정에 들어가기 10-15분 전부터 찬양을 시작합니다. 찬양과 함께 다음 순서를 시작합니다.

1:30 - 2:30	2차 복습(5-8과)	한 과당 15분 정도 복습 시간을 갖습니다. 배운 핵심 내용을 완벽하게 익힐 수 있게 합니다.
2:30 - 2:40	휴식	소그룹 모임을 위해 자리 이동을 합니다.
2:40 - 4:00	소그룹 간증	배운 내용을 적용하고 실천하는 것과 관련하여, 소그룹 구성원끼리 간증을 나눕니다. 대그룹 간증 시간에 대표로 발표할 구성원을 선정합니다.
4:00 - 4:10	휴식	쉬면서 다시 대그룹 모임을 위해 자리 이동을 합니다.
4:10 - 5:30	대그룹 간증	소그룹의 대표가 나와서 소그룹 간증 때 나누었던 간증을 발표합니다. 소그룹 내에서만 나누었던 간증을 모두가 함께 공유할 수 있습니다. 이때 발표만 할 것이 아니라, 질문이나 조언 등도 함께 나눌 수 있게 합니다.
5:30 - 7:00	식탁 교제(파티)	점심 때보다 긴 시간을 할애하여 파티를 엽니다. 한 학교를 마치는 동안 수고한 것을 서로 격려하는 자리를 갖습니다.
7:00 - 8:00	결단의 시간 및 예배	마무리하는 예배를 드리고 예배 끝 부분에 결단의 시간을 갖습니다. 결단 목록을 미리 준비하여 함께 읽는 시간을 갖습니다. 결단 목록은 실행 매뉴얼에 제공됩니다.

MTS 개정판 매뉴얼

오늘 우리는...
이 과의 전체 학습 목표와도 같습니다.
이 과를 통해 궁극적으로 알아야 할 것이 무엇인지를 먼저 파악할 수 있게 합니다.

마음 문 열기
이 과의 학습 내용과 관련된 예화가 제시됩니다.
이어질 학습 내용을 이야기를 통해 먼저 쉽게 접할 수 있습니다.

여기서 잠깐
예화를 읽고 나서 생각을 스스로 점검할 수 있게 해주는 질문이 마련되어 있습니다.
잠깐의 묵상을 통해 좀 더 진지하게 학습 내용에 임할 수 있게 합니다.

배움과 익힘
본격적인 학습 내용이 제시되어 있는 공간입니다.
중제목(1, 2, 3...)과 소제목(가, 나, 다...) 틀 안에 반드시 알아야 할 내용이 정리되어 있기 때문에 누구나 쉽게 학습할 수 있습니다. 또한 학습 내용을 뒷받침해 주는 성구들이 삽입되어 있습니다.

더불어 나눔
이 과를 공부하고 난 후, 소그룹 구성원과 나눌 수 있는 질문과 묵상 및 결단들이 제시되어 있습니다.
배운 내용을 토대로, 혹은 각자의 경험에 기반하여 솔직하게 대화할 수 있습니다.

마음 밭에 심기
– 주제 말씀 암송
배움과 익힘에 나온 여러 성구 중, 대표적이면서도 특별히 기억하면 좋은 성구가 제시되어 있습니다.
주제 말씀 암송과 더불어 말씀대로 실천하고자 노력한다면 이 과를 더욱 풍성히 삶에 적용할 수 있을 것입니다.

마음에 새기기
이 과에서 다루어진 내용을 최종적으로 점검할 수 있는 공간입니다.
배움과 익힘의 내용이 중제목, 소제목별로 한 두 문장씩 정리가 되어 있기 때문에 복습하기에 유리합니다.

참고문헌 및 추천도서
참고했던 도서와 추가로 참고하면 좋은 도서들이 제시되어 있습니다.
개인적으로 공부를 더 하고자 할 때 도움이 됩니다.

Contents

제1과

우리가 믿어야 할 창조주 하나님

오늘 우리는...
- 이 과를 통해, 믿음이란 무엇이며 바른 믿음의 대상이 누구 신지를 깨닫게 됩니다.
- 이 과를 통해, 만물을 창조하신 하나님과 특별하게 창조된 인간에 대해 배우게 됩니다.

▶▶▶ 이 과에서 하나님은 누구신지, 인간은 누구인지에 대해서 배우게 됩니다. 이 두 가지를 배우는 이유는 하나님이 우리가 믿어야 할 분이심을 궁극적으로 깨닫게 하기 위함입니다. 인도자는 전체적인 맥과 궁극적인 목적을 알고 이 과에 임합니다.

마음 문 열기

존 헨리 뉴먼은 이탈리아에서 사역하고 돌아오던 중 병에 걸리게 되었습니다. 3주간 여관에서 앓은 후 교회로 빨리 돌아가려고 하는데, 여객선이 없어서 화물선을 타고 가게 되었습니다. 설상가상으로 돛이 바람을 타고 항해를 해야 하는데, 바람까지 불지 않았습니다. 그래서 뉴먼은 선장에게 "배 좀 빨리 좀 가게 하시오. 빨리 좀 가게 하시오."라고 하며 재촉했습니다. 그러자 선장은 "하나님께서 하실 수 있는 일을 저는 어떻게 할 수가 없습니다. 하나님

께서 바람을 보내셔야 가지요."라
고 말했습니다.

시간이 흘러도 여전히 바람이
불지 않자, 뉴먼은 더욱 다급해 졌
습니다. 오랫동안 교회를 떠나왔기 때문에 서둘러 가주길 재촉을
했습니다. "여보시오, 이 배를 좀 빨리 가게 해보시오." 그때 선장
이 이런 말을 했습니다. "오늘 밤이라도 하나님께서 바람을 보내
주신다면 우리는 저 별을 바라보고 속히 배를 운행해서 목사님이
원하는 곳까지 모셔다 드릴 수가 있습니다."

그때 뉴먼은 큰 감동을 받았습니다. 자기는 급한 마음에 안달을
하는데, 선장은 하나님만 바라보고 하나님께서 함께 하시면 일이
이루어질 것이라고 믿고 있었기 때문입니다.

이후 하나님께서는 바람을 보내 주셨고 뉴먼은 평안하게 본국에
돌아왔습니다. 그리고 뉴먼이 그 선장의 믿음을 보고 지은 찬송이
찬송가 379장(통일찬송가 429장) '내 갈 길 멀고 밤은 깊은데' 입니다.

▶▶▶ 우리는 인생의 한 치 앞도 내다보지 못합니다. 캄캄한 밤에 배를 노 저어 가
는 것과도 같습니다. 그러나 확실한 것은 하나님께서 우리를 지금까지 인도
하신 것처럼 앞으로도 인도하실 것이라는 사실입니다. 인도자는 예화에 나온
선장의 믿음을 본받아 어떤 어려움과 막막함 속에서도 하나님의 인도하심만
신뢰하며 나가자고 권면합니다. 그리고 그 믿음 하나면 그 어떤 상황에서도
염려할 일이 없다는 것을 강조합니다.

가족과 사별하거나 사업의 실패, 질병과 같은 인생의 역경 속에서 어려움을 이겨내는 데 신앙의 힘을 의지하는 것보다 더 중요한 것이 없습니다. 당신은 어떻습니까?

▶▶▶ 인도자는 완전하신 하나님을 의지하면 사람의 연약함을 모두 극복할 수 있다고 전합니다. 하나님은 불완전한 우리의 앞날을 책임지시고 이끄실 정도로 위대한 분이십니다. 뿐만 아니라, 늘 함께 하시고 지켜 주시는 사랑의 하나님이십니다. 그러므로 인도자는 인생의 역경과 미래에 대한 불안을 떨쳐 버리고 오직 하나님만 의지하라고 권면합니다. 특별히 먼저 자신의 연약한 모습을 하나님 안에서 극복했던 사례를 나누어도 좋습니다.

▶▶▶ 인도자는 들어가기에 앞서 신앙 입문 학교가 어떤 흐름으로 진행되는지 밑그림을 그려야 합니다. 신앙 입문 학교는 크게 복음 입문 파트(1, 2과)와 삶의 적용 파트(3, 4과)로 나누어집니다. 복음 입문 파트에서는 하나님과 우리의 관계를 조명해 주는 것을 시작으로 복음이 소개되고, 그 복음을 믿고 받아들여야 한다는 내용을 담고 있습니다. 그리고 삶의 적용 파트에서는 그런 믿음을 가진 그리스도인이 교회와 세상에서 어떻게 살아야 하는지를 설명합니다.

▶▶▶ 인도자는 이 과가 복음을 받아들이기 전 준비 단계임을 설명합니다. 여기에서 다루어질 내용이 기반이 되어야 뒤에서 이어질 모든 과정들도 흡수할 수 있으므로, 이 과가 그만큼 중요함을 언급합니다.

1. 믿음은 기독교 신앙의 출발

▶ ▶ ▶ 신앙 입문의 시작은 하나님에 대한 믿음입니다. 그런데 이 과에서는 믿음의 대상이신 하나님을 설명하기에 앞서 믿음에 대한 개념에 대해 먼저 설명합니다. 하나님을 믿는 믿음은 '믿을 만한 것을 믿는다'거나, '누구나 믿는 것을 따라서 믿는' 차원을 넘어서기 때문입니다. 인도자는 기독교 신앙에서 말하는 믿음의 의미를 먼저 알아보자고 말하면서 내용에 들어가도록 합니다.

가. 믿음의 의미

1) 믿음은 '바라는 것들의 실상'

세상 사람들은 이미 이루어진 것, 이미 경험한 것만을 알고 확신합니다. 그러나 믿음이란 '아직 이루어지지 않은 것'이나 '이루어지지 않았지만, 마음속에 바라는 것'을 확신하는 것입니다.

이미 이루어진 일을 믿는 것은 누구나 할 수 있습니다. 하지만 이루어지지 않은 것을 믿는 것은 결코 누구나 할 수 있는 일이 아닙니다.

2) 믿음은 '보이지 않는 것들의 증거'

세상 사람들은 눈에 보이는 것, 보고 만질 수 있는 것만을 알고 확신합니다. 그러나 믿음이란 '눈에 보이지 않는 것'을 바라볼 수 있고, '경험할 수 없는 것'을 경험할 수 있는 놀라운 능력입니다.

눈에 보이는 것을 확신하는 것은 매우 쉬운 일입니다. 하지만 보이지 않는 것을 확신하는 일은 결코 쉬운 일이 아닙니다.

> 믿음은 바라는 것들의 실상이요 보이지 않는 것들의 증거니
> 선진들이 이로써 증거를 얻었느니라 믿음으로 모든 세계가
> 하나님의 말씀으로 지어진 줄을 우리가 아나니
> 보이는 것은 나타난 것으로 말미암아 된 것이 아니니라 히브리서 11:1-3

기독교 신앙은 바로 이러한 믿음의 능력으로부터 시작합니다.

▶▶▶ 인도자는 교부 터툴리아누스의 이야기를 들려줍니다. 지금으로부터 1800년 전, 교회의 위대한 지도자였던 터툴리아누스는 "불합리하기 때문에 믿는다."라는 유명한 말을 남겼습니다. 합리적이고 이해할 수 있기 때문에 믿는 것이 아니라, 오히려 불합리하고 이해하기 힘들기 때문에 믿는다는 것입니다. 여기서 불합리하고 이해하기 어렵다는 것은 '비논리적이고 비이성적'이라는 것을 말하는 것이 아니라, 인간의 논리와 이성을 초월함을 뜻하는 것입니다. 만약 인간의 머리로 충분히 파악이 가능하다면 그것은 신, 곧 하나님이라고 할 수 없습니다. 그러므로 하나님의 존재가 눈에 보이지 않고 당장 이해하기 어렵다는 사실은 오히려 하나님이 하나님 되심을 인정하는 근거가 될 수 있습니다.

나. 믿음의 대상

믿음의 대상에 따라 삶의 목적과 방향성이 결정됩니다. 따라서 우리는 바른 믿음의 대상을 선택해야 합니다.

바른 믿음의 대상은 '살아 계신 하나님'입니다. 하나님께서는 우리 속에 '하나님을 알 만한 것'을 주셨습니다. 하나님의 살아 계심을 알 수 있는 많은 증거가 세상 만물에 분명하게 나타나 있습니다. 그 증거는 너무도 분명하여 누구도 하나님의 살아 계심을 몰랐다고 핑계를 댈 수 없습니다.

이는 하나님을 알 만한 것이 그들 속에 보임이라

하나님께서 이를 그들에게 보이셨느니라 창세로부터

그의 보이지 아니하는 것들 곧 그의 영원하신 능력과 신성이

그가 만드신 만물에 분명히 보여 알려졌나니

그러므로 그들이 핑계하지 못할지니라 로마서 1:19-20

▶▶▶ 인도자는 이 내용이 신학적으로 '자연계시'라는 용어로 설명된다고 전합니다. 자연계시는 '창조 안에 나타난 하나님의 계시'인데, 생명의 작용과 같은 자연법칙 속에서 하나님의 능력이 증거되는 것입니다. 자연계시와 구별되는 용어로는 특별계시가 있는데, 이것은 말 그대로 특별한 사람에게 특별한 방법으로 임하는 계시입니다. 구약, 신약시대부터 지금까지 이어져 온 특별계시는 구체적으로 하나님을 믿는 사람들이 받을 수 있는 계시라고 표현할 수 있습니다. 특히 예수님이 말씀으로 이 땅에 오신 것(요한복음 1:14)은 특별계시의 정점입니다.

안타깝게도, 세상 사람들은 믿음의 대상을 잘못 정하고 있습니다. 그들이 믿는 다른 종교의 모든 신은 우상에 불과합니다. 우상은 인간이 생각해 내고, 인간이 손으로 직접 만든 것이기 때문에 결코 우리의 믿음의 대상이 될 수 없습니다. 하나님 앞에서 모든 우상은 헛된 것입니다.

그런즉 너희가 하나님을 누구와 같다 하겠으며

무슨 형상을 그에게 비기겠느냐 우상은 장인이 부어 만들었고

장색이 금으로 입혔고 또 은사슬을 만든 것이니라 이사야 40:18-19

또한, 어떤 사람들은 "신은 없다."라고 단정적으로 말합니다. 이러

한 주장을 '무신론'이라 부릅니다. 그러나 하나님의 말씀인 성경은 무신론이야말로 가장 어리석은 생각임을 알려 주고 있습니다.

> 어리석은 자는 그의 마음에 이르기를
> 하나님이 없다 하는도다 그들은 부패하고 그 행실이 가증하니
> 선을 행하는 자가 없도다 시편 14:1

바른 믿음의 대상인 하나님을 믿는 것이 기독교 신앙의 출발점입니다.

▶▶▶ 인도자는 왜 하나님을 믿는 것이 기독교 신앙의 출발인지를 간단히 설명합니다. 하나님을 믿고 인정하는 것은 하나님이 우리를 위해 보내신 예수님을 믿는 것으로 이어집니다. 또한 하나님의 말씀인 성경을 인정하는 것으로 이어지고, 동시에 성경 안에 담긴 하나님의 뜻대로 살아가는 길로 연결됩니다. 하나님을 믿지 않는다면 예수님도 믿을 수 없고 성경도 부정하게 되지만, 하나님에 대한 믿음이 서게 되면 기독교 신앙의 핵심인 위의 두 가지(예수님의 구속하심을 믿고, 성경대로 사는 것)는 자연히 따라올 수밖에 없습니다.

2. 하나님은 만물의 창조주

성경의 맨 처음 책인 창세기의 첫 부분에 하나님의 천지 창조에 대한 말씀이 나옵니다. 여기에는 세 가지 중요한 사실이 담겨 있습니다.

> 태초에 하나님이 천지를 창조하시니라
> 땅이 혼돈하고 공허하며 흑암이 깊음 위에 있고
> 하나님의 영은 수면 위에 운행하시니라 하나님이 이르시되
> 빛이 있으라 하시니 빛이 있었고
> 빛이 하나님이 보시기에 좋았더라…… 창세기 1:1-4

가. 창세기 1장 1절에 나타난 하나님의 창조

1) '태초에'

오늘날 사람들이 말하는 세상의 시작은 크게 두 가지로 볼 수 있습니다. 하나는 하나님이 세상을 창조하셨다고 믿는 '창조론'이고, 다른 하나는 세상이 우연히 생겨났다고 믿는 '진화론'입니다. 하나님의 말씀이며 참 진리인 성경은 분명하게 세상의 출발이 하나님의 창조로부터 비롯되었다고 선언하고 있습니다.

현대 과학의 눈으로 보면 창조론보다 진화론이 더 설득력 있는 것처럼 여겨집니다. 그러나 우연히 생명체가 생겨나는 것은 불가능하며, 태초에 분명히 창조의 역사가 있었습니다.

▶▶▶ 인도자는 과학 이론을 배제하기보다는 오히려 그것을 적극적으로 활용함으로써 하나님의 창조를 더 잘 깨달을 수 있다고 말합니다. 그리고 세계적인 과학자의 고백을 들려줍니다.

"현재 과학은…… 태초의 빛을 관측하였고, 우주의 나이가 유한하며, 태초에 우주의 창조가 있었다는 엄청난 비밀을 말해 주고 있다……. 대부분의 천문학자들은 우주를 연구하면 할수록 초자연적인 신의 존재를 인정할 수밖에 없다고 고백하고 있다……. 즉, 자연과 우주를 과학법칙으로 기술할 수 있다는 사실, 그리고 이러한 자연의 법칙들이 놀라울 정도로 정교한 조화를 이뤄 우주와 인간을 탄생시켰다는 사실은 우주가 단지 우연히 만들어진 것이 아니라, 지적 창조주에 의해 어떤 목적에 따라 창조되었음을 말해 주는 것이라고 생각한다." (이영욱, 『우주 그리고 인간』, 동아일보사)

2) '하나님이'

이 세상 만물을 지으신 분은 하나님이십니다. 하나님은 모든 것을 창조하셨고, 모든 것의 이름을 부르시고, 모든 것을 돌보시는, 그 누구보다 강한 능력을 지니신 분입니다.

> 너희는 눈을 높이 들어 누가 이 모든 것을 창조하였나 보라
> 주께서는 수효대로 만상을 이끌어 내시고
> 그들의 모든 이름을 부르시나니 그의 권세가 크고
> 그의 능력이 강하므로 하나도 빠짐이 없느니라 이사야 40:26

▶▶▶ 인도자는 창조의 능력을 행사하실 수 있는 분은 오직 하나님뿐이심을 강조합니다. 일반적으로 사람들이 '창조'라는 용어를 많이 사용하지만, 사람이 창조해 냈다고 하는 것도 결국은 하나님이 하신 것입니다. 하나님이 이미 창조하신 것을 사람을 통해 발견하게 하시고, 세상에 내놓을 수 있게 하신 것입니다. 그러므로 '창조'라는 개념 앞에서 사람들은 겸손해질 수밖에 없습니다.

3) '창조하시니라'

'창조하다'라는 단어는 히브리어(구약성경이 처음 쓰인 언어)로 '바라(ברא)'라고 합니다. '바라'라는 단어는 오직 하나님께만 사용되는 특별한 단어입니다. 이 단어는 이미 주어진 재료로 무언가를 만들어 내는 작업이 아니라, 아무것도 없는 상태에서 무언가를 만들어 내는 작업을 의미합니다. 하나님의 창조는 무(無)로부터 이루어진 창조입니다.

나. 지금도 만물을 다스리고 계시는 하나님

하나님이 세상 그리고 인간을 창조하셨다는 창세기의 말씀은, 단지 과거에 일어났던 하나의 사건에 불과한 것이 아닙니다. 하나님은 세상을 딱 한 번 창조하시고서 그냥 내버려 두시는 것이 아니라, 지금도 우주만물을 주관하고 계십니다.

> 하늘이 하나님의 영광을 선포하고 궁창이 그의 손으로 하신 일을
> 나타내는도다 날은 날에게 말하고 밤은 밤에게 지식을 전하니
> 언어도 없고 말씀도 없으며 들리는 소리도 없으나
> 그의 소리가 온 땅에 통하고 그의 말씀이 세상 끝까지 이르도다
> 하나님이 해를 위하여 하늘에 장막을 베푸셨도다 시편 19:1-4

우리가 삶 속에서 피곤하고 무력할 때, 우리를 창조하신 하나님께서 우리에게 새 힘을 주십니다. 우리의 삶에 부족한 것들을 채워 주시는 하나님의 역사야말로 오늘도 계속되고 있는 하나님의 창조입니다.

너는 알지 못하였느냐 듣지 못하였느냐

영원하신 하나님 여호와(야훼), 땅 끝까지 창조하신 이는

피곤하지 않으시며 곤비하지 않으시며 명철이 한이 없으시며

피곤한 자에게는 능력을 주시며 무능한 자에게는 힘을 더하시나니

소년이라도 피곤하며 곤비하며 장정이라도 넘어지며 쓰러지되

오직 여호와(야훼)를 앙망하는 자는 새 힘을 얻으리니

독수리가 날개치며 올라감 같을 것이요

달음박질하여도 곤비하지 아니하겠고

걸어가도 피곤하지 아니하리로다 이사야 40:28-31

그러므로 창조 신앙을 가진 사람은 오늘도 하나님께서 자신을 새롭게 바꾸시고 채워 주실 것을 믿어야 합니다. 더불어 하나님의 창조를 매일매일 새롭게 경험해야 합니다.

▶▶▶ '하나님의 창조가 계속된다.' 라는 사실은 '하나님이 지금도 일하고 계신다.' 라는 사실과 일맥상통합니다. 여기에서 무엇보다 중요한 것은 이 사실이 우리에게 놀라운 희망이 된다는 것입니다. 하나님의 끊임없는 창조는 곧 우리를 버리지 않는다는 뜻이고 우리를 더 나은 길로 인도하신다는 것입니다. 그러므로 우리가 처절한 상황에 놓여 있을지라도 하나님의 창조가 쉼 없이 이어진다는 사실을 기억한다면, 힘을 얻고 일어설 수 있습니다. 인도자는 이런 사실을 바탕으로 하나님의 계속되는 창조역사를 단지 하나님의 일로만 생각할 것이 아니라, 우리 자신의 삶과 관련지어 받아들여야 한다고 전합니다.

3. 우리는 하나님의 걸작품

▶▶▶ **우리가 누구인지 아는 것 역시 신앙 입문에 있어 매우 중요합니다.** 우리가 누구인지를 알고 우리가 하나님과 어떤 관계인지를 알 때, '우리의 본분'을 알 수 있기 때문입니다. **인도자는 그 본분을 지켜나가는 것이 신앙이라고 설명합니다.**

가. 하나님의 특별한 피조물

우리는 '하나님의 형상을 따른 피조물'입니다. 하나님은 인간을 하나님의 형상을 따라 만드셨습니다. 인간 안에 하나님의 형상이 담겨 있다는 것은, 우리가 하나님과 교제할 수 있고 하나님을 닮을 가능성을 지니고 있음을 의미합니다.

그러므로 다른 피조물들과 달리, 우리는 하나님 앞에 특별한 존재이며 복을 받을 수 있는 존재입니다.

> 하나님이 이르시되 우리의 형상을 따라 우리의 모양대로
> 우리가 사람을 만들고 그들로 바다의 물고기와 하늘의 새와 가축과
> 온 땅과 땅에 기는 모든 것을 다스리게 하자 하시고
> 하나님이 자기 형상 곧 하나님의 형상대로 사람을 창조하시되
> 남자와 여자를 창조하시고 창세기 1:26-27

또한 우리는 '하나님의 생기를 받은 피조물'입니다. 다른 동물들을 창조하실 때와 달리, 하나님은 인간을 흙으로 빚으시고 그 안에 생기를 불어넣으셨습니다. 땅에 흩날리는 먼지(히브리어로 '아파르(עפר)')를 모아 그 안에 하나님의 생기, 즉 영(히브리어로 '루아흐(רוח)')을 불어넣

어 주신 존재가 바로 우리 인간입니다.

> 여호와(야훼) 하나님이 땅의 흙으로 사람을 지으시고
> 생기를 그 코에 불어넣으시니 사람이 생령이 되니라 창세기 2:7

무가치하고 흔한 재료로 가장 훌륭한 존재를 만드신 것입니다. 그러므로 인간은 하나님의 영을 품고 있는 하나님의 걸작품입니다.

성경은 하나님께서 우리를 보배롭고 존귀하게 여기시며 사랑하신다고 증거합니다.

> 네가 내 눈에 보배롭고 존귀하며 내가 너를 사랑하였은즉
> 내가 네 대신 사람들을 내어 주며
> 백성들이 네 생명을 대신하리니 이사야 43:4

이처럼 하나님은 우리를 특별하게 창조하시고 존귀하게 바라보십니다. 이 사실을 아는 우리는 자신을 소중히 여길 줄 알아야 합니다. 더불어 다른 사람들도 귀하고 특별한 존재임을 인정해야 합니다. 서로 인격적인 존재로 대우하는 것이 창조주 하나님께서 원하시는 신앙인의 한 모습입니다.

나. 우리를 창조하신 목적

하나님께서 우리를 창조하신 중요한 목적은 찬송을 받으시기 위함입니다. 우리가 드리는 영광과 찬송이 홀로 하나님의 것이 되기를 원

하십니다.

> 나는 여호와(야훼)이니 이는 내 이름이라 나는 내 영광을 다른 자에게,
> 내 찬송을 우상에게 주지 아니하리라 이사야 42:8
>
> 이 백성은 내가 나를 위하여 지었나니
> 나를 찬송하게 하려 함이니라 이사야 43:21

  하나님을 찬송하는 것은 노래로 찬양하는 것만을 의미하지 않습니다. 삶의 전 영역에서 하나님을 경배하고 높이는 것을 의미합니다. 곧 이것은 하나님께 영광 돌리는 삶, 하나님 말씀에 순종하는 삶이라고도 말할 수 있습니다.

  그러므로 하나님께 지음 받은 우리는 무엇을 하든 하나님께 영광이 되기를 소원해야 합니다. 또한 내 뜻과 내 욕심대로 살 것이 아니라, 하나님께서 맡겨 주신 사명에 따라서 살아야 합니다. 이렇게 창조목적에 따라 살아가는 것이 하나님의 창조를 믿는 신앙입니다.

▶▶▶ 인도자는 하나님을 찬양하고 높이는 것에 대해 더 다양한 이야기를 합니다. 하나님을 찬양하는 것은 삶의 다양한 부분을 통해 나타날 수 있습니다. 모든 상황에서 하나님께 감사의 고백을 드리는 것이나, 일과 공부 등을 통해 하나님의 이름을 높이는 것 역시 하나님을 찬양하고 예배하는 모습입니다. 그러므로 인도자는 매순간 창조주 하나님을 찬양하고 높이는 것이 가능함을 전합니다. 그리고 그것은 선택이 아니라, 피조물인 우리의 영광된 의무라고 설명합니다.

1. 우리는 대자연 속에서나 일상 속에서도 하나님을 느낄 수 있습니다. 최근에 그런 경험이 있었다면, 함께 나누어 봅시다.

▶▶▶ 인간의 손이 닿지 않는 곳에 있는 식물들이 햇빛과 비를 통해 아름답게 자라는 것을 보면 하나님의 손길을 느낄 수 있습니다. 동물들 사이에 먹이사슬이 있는데도 자연계의 평형이 유지되는 것 역시 하나님의 능력을 느낄 수 있습니다.
일상생활 속에서도 하나님의 예기치 못한 도우심을 경험할 때가 있습니다. 위기 가운데에서 기대하지 못했던 도움을 받아 어려움을 극복하게 되었을 때, 그 속에서 하나님의 인도하심을 느낄 수 있습니다. 또한 잘못했을 때, 깨닫고 돌이킬 수 있는 계기를 주실 때가 있습니다. 이 역시 하나님의 사랑과 개입하심을 느낄 수 있는 상황입니다. 인도자는 이러한 기본적인 예를 미리 들어 주면서, 각자의 경험을 이야기할 수 있게 합니다.

2. 나와 다른 지체들을 하나님이 특별하게 창조하신 걸작품으로 바라보고 있었는지 돌아봅시다.

▶▶▶ 인도자는 자신을 걸작품으로 바라보는 것이 하나님을 신뢰하는 한 모습이라고 설명합니다. 자신을 가치 없게 바라보는 것은, 결국 나를 지으신 하나님의 능력을 무시하는 것과도 같기 때문입니다.

마음 밭에 심기

주제 말씀 암송

믿음은 바라는 것들의 실상이요 보이지 않는 것들의 증거니
선진들이 이로써 증거를 얻었느니라 믿음으로 모든 세계가
하나님의 말씀으로 지어진 줄을 우리가 아나니 보이는 것은
나타난 것으로 말미암아 된 것이 아니니라 히브리서 11:1-3

▶▶▶ 이 성구는 신앙 입문 학교의 출발점에 해당되는 성구라고 할 수 있습니다.
기독교에서 말하는 믿음이 무엇인지를 적절하게 보여 주고 있기 때문입니다.
인도자는 이 말씀에 따라 행여 당장 눈에 보이지 않더라도 믿음의 눈을 통해
바라보는 훈련을 하고, 끝까지 하나님을 신뢰하며 나아 가자고 권유합니다.

마음에 새기기

▶▶▶ 인도자는 마음에 새기기를 통해 이 과에서 배운 내용을 점검하고 중요 내용
을 숙지할 수 있어야 한다고 전합니다. 읽을 때에는, 스스로 읽고 복습하는
것도 좋지만 서로 짚어 주는 것이 더 효과적일 수 있습니다. 그러므로 소그룹
별로 읽어볼 수 있도록 유도합니다. 또한 인도자는 1주에 한 번 이상 이 내용
을 각자 체크할 수 있도록 권면합니다.

기독교 신앙의 출발은 올바른 믿음의 대상이신 하나님을 믿는 것입니다

1. 믿음은 아직 이루어지지 않았고, 눈으로 볼 수 없는 것을 확신하는 것입니다.
2. 우리가 믿어야 할 대상은 하나님이십니다.
3. 하나님 외에 다른 신을 믿거나, 무신론을 주장하는 것은 잘못된 믿음입니다.

하나님이 세상을 창조하셨습니다

1. 이 세상은 결코 우연히 혹은, 저절로 생겨난 것이 아니라 하나님의 창조에 의해 생겨난 것입니다.
2. 하나님은 무(無)에서 세상을 창조하셨습니다.
3. 하나님은 지금도 온 우주만물을 다스리고 계십니다.

하나님은 우리를 특별하게 창조하셨습니다

1. 하나님은 우리를 하나님의 형상대로 지으시고, 그 안에 하나님의 생기를 불어넣어 주셨습니다.
2. 특별한 피조물인 우리는 자신과 남을 소중히 여기고 대해야 합니다.
3. 우리는 창조 목적에 따라 하나님을 찬송하는 삶을 살아야 합니다.

▶▶▶ 인도자는 이 과를 정리하며 마무리합니다. 이 과는 믿음에 대한 기본기를 갖는 과이므로 서로 그 기본기가 탄탄하게 다져 졌는지를 나누어 보도록 합니다.
다음 과에서는 이 과에서 배운 내용을 토대로 복음이라는 놀라운 진리에 대해 배우게 됩니다. 2과까지 잘 배우고 나면, 믿음의 기초를 쌓아 가는 데에 큰 도움이 될 것입니다.

무신론자에서 하나님을 찾게 된 이어령의 이야기

▶▶▶ 인도자는 이 이야기를 읽고 무엇이 그를 하나님께로 이끌었을지에 대해 물어봅니다. 그리고 그 해답은 바로 인간의 지성을 뛰어넘는 믿음의 능력이었음을 전합니다.

한국의 지성을 대표하는 이어령 전 문화부 장관이 하나님을 믿고 세례를 받게 되었습니다. 이것은 반평생 무신론자로 살아온 그에게 큰 기적과 같은 일이었고, 한국 지성사회에 적지 않은 영향을 주었습니다. 딸과 손주의 치유의 기적 때문에 기독교인이 된 것만은 아니라고 고백한 그는, 딸의 고통을 보면서 자신의 지식과 힘으로 도저히 딸을 구할 수 없는 무력감을 느꼈다고 고백했습니다.

젊은 날 인간의 한계와 허무를 느끼면서도 그는 창조와 부활을 믿지 않았다고 합니다. 그래서 헛됨을 더욱 헛됨으로 드러내는 문학에 50년간 매달렸지만 그것이 얼마나 의미 없는 일인지를 알게 되었다고 고백하였습니다. 일본에 머무는 동안 그는 절대 고독 속에서 평생 처음으로 바깥에서 오는 힘, 영적인 힘을 느꼈으며, 하나님 앞에 온전히 무릎 꿇을 수밖에 없었다고 하였습니다.

제 2 과

우리를 구원하시는 예수님

오늘 우리는...
- 이 과를 통해, 죄인 된 인간을 위해 예수님이 십자가에서 돌아가셨고 부활하셨음을 깨닫게 됩니다.
- 이 과를 통해, 우리는 예수님을 믿음으로써 구원의 역사를 경험할 수 있음을 깨닫게 됩니다.

▶▶▶ 이 과에서는 구원의 복음에 대해 본격적으로 다루고 있습니다. 1과에서 하나님과 우리의 관계에 대해 다뤘다면, 이 과에서는 예수님과 우리의 관계에 대해 다루게 됩니다. 인도자는 우리를 구원하시기 위해 십자가에서 돌아가시고 부활하신 예수님, 그로 인해 구원의 은혜를 받게 된 우리, 이 두 대상에 초점을 맞추면서 이 과를 진행합니다.

마음 문 열기

앨런 페이튼(Alan Paton)이 지은 『당신의 땅은 아름답다(Ah, But Your Land Is Beautiful)』라는 책은 올리버 판사의 섬김에 대한 아름다운 이야기를 소개하고 있습니다. 남아프리카 공화국에서 흑백 차별이 한창 심했을 때의 이야기입니다.

흑인 교회인 성시온교회에서 고난주간에 성찬식을 거행하게 되었습니다. 그런데 이날 저명한 백인 판사인 '쟌 크리스티안 올리버(Jan Christian Oliver)'를 초청했습니다. 그날 예배 순서 가운데는 세족식이 있었는데, 자기가 고맙게 생각하는 사람들의 발을 씻어 주는 행사였습니다. 고난주간을 맞아 예수님의 사랑을 기념하고 또 서로에게 그 사랑을 나누기 위한 것이었습니다. 올리버 판사는 그 순서가 있는지 모르고 참석을 한 상황이었는데, 자기 차례가 오자 사람들의 예상을 뒤엎고 한 흑인 여인 앞에 대야를 놓은 채 무릎을 꿇었습니다.

흑인 예배에 참석하는 것조차도 백인 사회에서 지탄받기에 충분했는데, 그는 너무나도 당당히 흑인 여인의 발을 씻어 주려고 한 것입니다. 놀랍게도, 그 흑인 여인은 올리버 판사의 집에서 30년 동안 종으로 일하고 있는 '마르다 포투인(Martha Fortuin)'이었습니다. 그녀는 올리버 판사의 집에서 그의 아들과 딸들을 돌보았고, 그 가족들의 발을 씻겼습니다. 그런데 그 흑인 여종 앞에 판사가 무릎을 꿇은 것입니다. 그 흑인 노예도 울고, 판사도 울고 갑자기 온 예배당 안이 숙연해 졌습니다.

이 사실이 알려지자마자 백인 사회에서 이를 크게 문제 삼았고, 결국 올리버의 판사직을 박탈하고 말았습니다. 그러자 흑인 교회의 담임목사가 미안한 마음에 그의 집에 찾아갔습니다. 그때 올리버 판사는 말했습니다. "고난주간에 당신의 교회에서 행한 예식에 참여한 일은 나에게 판사로서 한 어떤 일들보다도 가장 중요한 일이었습니다. 더는 그것에 대하여 미안해하지 마세요." 엘런 피이튼은 이 일화를 통해 다음과 같은 말을 기록했습니다. "그는 자기의 직장을 잃었지만, 그 순간 잃어버린 영혼을 찾았습니다."

　예수님의 사랑을 실천한 올리브는 흑인의 가슴에 사무치게 못 박혀 있던 백인에 대한 증오심을 누그러뜨렸습니다. 그리고 백인에게 성찰의 기회를 줌으로써 흑인과 백인이 안고 있는 갈등 해소에 크게 이바지를 했습니다.

▶▶▶ 이 예화는 예수님의 사랑이 얼마나 큰 힘을 발휘하는지를 여실히 보여 줍니다. 2000여 년 전, 우리를 위해 고난받으시고 돌아가신 그 위대한 사랑은 시간이 지나도 변하지 않고 강력한 영향력을 발휘합니다. 인도자는 올리버 판사가 자신의 힘으로는 사랑을 베풀 수 없었지만, 예수님의 사랑에 힘입어 놀라운 사랑을 이어갈 수 있었다고 말합니다. 더불어 우리도 예수님의 사랑을 진정으로 체험하여 그 사랑을 다른 누군가에게 계속 전해 주자고 권면합니다.

여기서 잠깐

지금까지 살아오는 동안 내가 누리고 있는
가장 큰 축복은 무엇일까요?

▶▶▶ 인도자는 구원의 축복보다 더 큰 축복은 없다고 전합니다. 구원의 축복은 순간적인 복에 그치는 것이 아니라, 구원받은 후에 부어지는 모든 복을 다 포함합니다. 곧 하나님의 자녀로서 살아가는 축복, 예수님과 동행하는 축복, 이 땅과 하늘에서 하나님 나라를 경험할 수 있는 축복, 이 모두가 구원의 축복입니다. 인도자는 구원받아 이 자리에 있는 것 자체가 얼마나 감격스러운 일인지를 상기시켜 줍니다.

▶▶▶ 1과에서 하나님에 대한 믿음을 고백한 것에 이어, 2과에서는 기독교 신앙의 핵심으로 들어가게 됩니다. 여기서 우리는 하나님의 아들이신 예수 그리스도를 만나게 됩니다. 인도자는 1, 2과를 통해 신앙의 기초를 쌓을 수 있음을 다시 한 번 강조하면서 이 과에 들어가도록 합니다.

1. 인간에게 들어온 죄

▶▶▶ 인도자는 '예수님이 누구시며, 우리는 왜 그분을 만나야 하는지'를 먼저 물어봅니다. 그리고 이 질문에 대답하기 위해서는, 인간이 처하게 된 비참한 현실, 즉 인간은 죄를 범하였고 죽을 수밖에 없는 존재라는 사실을 먼저 깨달아야 한다고 말합니다.

가. 첫 인간의 범죄

하나님은 아담과 하와를 지으시고, 그들을 에덴이라는 동산에서 살게 하셨습니다. 처음에는 모든 것이 평화롭고 행복했지만, 뱀의 유혹에 넘어간 그들은 하나님께서 금하신 선악을 알게 하는 나무의 열매에 손을 대었습니다. 이로 말미암아 세상에 죄악이 들어오게 되었습니다.

> 여자가 그 나무를 본즉 먹음직도 하고 보암직도 하고
> 지혜롭게 할 만큼 탐스럽기도 한 나무인지라
> 여자가 그 열매를 따먹고 자기와 함께 있는 남편에게도 주매
> 그도 먹은지라 창세기 3:6

범죄를 저지른 인간은 에덴동산에서 쫓겨나 저주를 받게 되었습니

다. 하나님으로부터 멀어 져 영원한 생명을 잃고 죽을 수밖에 없는 존재가 되었습니다.

> 또 여자에게 이르시되 내가 네게 임신하는 고통을 크게 더하리니
> 네가 수고하고 자식을 낳을 것이며 너는 남편을 원하고
> 남편은 너를 다스릴 것이니라 하시고 아담에게 이르시되
> 네가 네 아내의 말을 듣고 내가 네게 먹지 말라 한 나무의 열매를 먹었은즉
> 땅은 너로 말미암아 저주를 받고 너는 네 평생에 수고하여야
> 그 소산을 먹으리라 창세기 3:16-17

나. 모든 인간에게 이어지는 죄

최초의 인간이었던 아담의 범죄로 말미암아 세상에 들어온 죄는 그 후손인 우리에게까지 이어집니다. 이로써 모든 인간은 태어날 때부터 죄인이 됩니다. 이것이 바로 인간이 처한 현실입니다.

> 그러므로 한 사람으로 말미암아 죄가 세상에 들어오고
> 죄로 말미암아 사망이 들어왔나니 이와 같이 모든 사람이 죄를 지었으므로
> 사망이 모든 사람에게 이르렀느니라 로마서 5:12

다. 죄로 인한 결과

죄인 된 인간은 하나님께로부터 분리된 상태, 즉 영적 사망을 경험하게 되었습니다. 육신은 살아 있을지라도 영으로는 죽은 상태가 되었습니다.

> 여호와(야훼) 하나님이 그 사람에게 명하여 이르시되
> 동산 각종 나무의 열매는 네가 임의로 먹되
> 선악을 알게 하는 나무의 열매는 먹지 말라
> 네가 먹는 날에는 반드시 죽으리라 하시니라 창세기 2:16-17

또한 인간은 육체적으로도 영원히 살 수 없게 되었습니다. 질병으로 고통받고, 결국에는 죽어서 흙으로 돌아가게 됩니다.

> 네가 흙으로 돌아갈 때까지 얼굴에 땀을 흘려야
> 먹을 것을 먹으리니 네가 그것에서 취함을 입었음이라
> 너는 흙이니 흙으로 돌아갈 것이니라 하시니라 창세기 3:19

최종적으로 죄인 된 인간은 마지막 심판 때에 영원한 사망에 들어가게 됩니다.

> 한번 죽는 것은 사람에게 정해진 것이요
> 그 후에는 심판이 있으리니 히브리서 9:27

▶▶▶ 사람들은 죄의 결과로 인한 죽음과 고통의 문제를 스스로 해결하려고 노력해 왔습니다. 그 결과, 많은 종교가 생겨났습니다. 유교에서는 죽음 이후의 문제를 고민하기보다는 살아 있는 동안 삶의 문제를 해결하라고 가르칩니다. 불교에서는 인간의 모든 고통의 원인은 집착에 있으니 집착을 없앰으로써 마음의 평화에 도달해야 한다고 가르칩니다. 또한 인간이 수행을 통하여 윤회의 굴레를 벗어 버리는 해탈의 경지에 이르도록 노력하라고 가르칩니다. 그러나 이러한 종교적 가르침들은 하나님의 초월적인 도우심을 통해서가 아니라, 인간의 상식적인 노력을 통해 구원을 이루려는 매우 소극적인 방

법입니다. **인도자는** 이러한 인간의 노력만으로는 결코 구원을 얻을 수 없다는 사실을 **분명하게 강조합니다.**

2. 우리를 구원하시는 예수님

▶▶▶ **죄를 범하여 죽을 수밖에 없는 존재가 된 인간에게 필요한 것은 바로 구원입니다. 인도자는 하나님께서 우리에게 사랑을 베푸셔서, 인간이 구원에 이를 수 있는 길을 알려 주셨음을 강조합니다. 그리고 그 길이 무엇인지 알고 받아들이는 것이 기독교 신앙의 핵심이자 복음의 소식이라고 말합니다.**

가. 구원의 필요성과 하나님의 계획

죄로 인해 인간은 참 행복을 누리지 못하게 되었습니다. 인생의 목적과 길을 알지 못한 채 살아가게 되었습니다. 자신이 어디에서 왔고 왜 살며 어디로 가는지도 모른 채 허무한 인생을 살아가게 되었습니다.

사랑의 하나님은 이런 인간을 위해 독생자 예수님을 이 땅에 보내셔서 십자가에 달려 죽게 하셨습니다. 하나님이 이러한 구원 계획을 세우신 데에는 이유가 있습니다. 하나님은 공의의 하나님이시기 때문에 죄에 대한 대가를 치를 것을 반드시 요구하시는 것입니다.

> 율법을 따라 거의 모든 물건이 피로써 정결하게 되나니
> 피흘림이 없은즉 사함이 없느니라 히브리서 9:22

인간은 모두 죄인이기 때문에 죄인이 아닌 누군가의 희생과 대속이 필요합니다. 죄와 상관없으신 분은 오직 예수님밖에 없습니다.

> 너희가 알거니와 너희 조상이 물려 준 헛된 행실에서
> 대속함을 받은 것은 은이나 금 같이 없어질 것으로 된 것이 아니요
> 오직 흠 없고 점 없는 어린 양 같은
> 그리스도의 보배로운 피로 된 것이니라 베드로전서 1:18-19

▶▶▶ 인도자는 공의의 하나님이 죄를 사하기 위해 알려 주셨던 방법에 대해 더 구체적으로 설명합니다. 히브리서 9장 22절은 "율법을 따라 거의 모든 물건이 피로써 정결하게 되나니 피흘림이 없은즉 사함이 없느니라"고 말씀하고 있습니다. 이 말씀은 두 가지 중요한 사실을 알려 줍니다.
첫째, '죄는 반드시 죽음으로밖에 갚을 수 없다'라는 것입니다. 죄의 결과는 사망이기 때문에 죄를 사하기 위해서는 누군가가 죽어야만 합니다.
둘째, '피는 생명의 상징'이라는 것입니다. 하나님은 이스라엘 백성에게 그들의 죄를 사하기 위해 대신 죽어줄 제물을 바치도록 명하셨습니다. 소나 염소와 같은 동물의 피를 대신 흘리게 함으로써 인간의 죄를 사함 받도록 하신 것입니다.

▶▶▶ 이어서 인도자는 과거의 희생제사와 예수님의 희생을 연결해서 설명해 줍니다. 하나님은 동물의 제사보다 더 완벽한 제사를 계획하셨는데, 그것이 바로 예수님을 우리에게 보내사 대신 죽게 하신 것입니다. 예수님의 단 한 번의 희생으로 인류는 죄 사함을 받게 되었고, 더는 동물의 희생 제사가 필요 없게 되었습니다.

나. 십자가에서 돌아가시고 부활하신 예수님

예수님은 하나님의 뜻에 순종하여 이 땅에 오셨습니다. 그리고 3년 간의 공생애 동안 사역하신 후, 고난받으시고 십자가에 달려 돌아가셨습니다. 십자가 죽음을 통해 인류의 모든 죄를 담당하셨습니다.

> 그가 찔림은 우리의 허물 때문이요
> 그가 상함은 우리의 죄악 때문이라
> 그가 징계를 받으므로 우리는 평화를 누리고
> 그가 채찍에 맞으므로 우리는 나음을 받았도다
> 우리는 다 양 같아서 그릇 행하여 각기 제 길로 갔거늘
> 여호와(야훼)께서는 우리 모두의 죄악을
> 그에게 담당시키셨도다 이사야 53:5-6

하지만 예수님께서 십자가에 돌아가시기만 했다면 기쁜 소식은 완성될 수 없었을 것입니다. 하나님께서는 예수님을 십자가에서 죽으신 지 사흘 만에 죽음 가운데서 다시 살리셨습니다. 예수님께서는 죽음을 완전히 이기시고, 부활의 첫 열매가 되셨습니다.

> 그러나 이제 그리스도께서 죽은 자 가운데서 다시 살아나사
> 잠자는 자들의 첫 열매가 되셨도다 사망이 한 사람으로 말미암았으니
> 죽은 자의 부활도 한 사람으로 말미암는도다
> 아담 안에서 모든 사람이 죽은 것 같이 그리스도 안에서
> 모든 사람이 삶을 얻으리라 고린도전서 15:20-22

▶▶▶ 인도자는 예수님께서 부활의 첫 열매가 되셨다는 것이 곧 부활의 예표가 되신 것임을 말합니다. 예수님의 부활로 말미암아 예수님을 믿는 자들은 마지막 날에 부활의 영광을 얻게 됩니다. 이것은 완전한 구원을 얻게 된 것을 의미합니다. 부활은 곧 영원한 생명을 얻는 것을 뜻하기 때문입니다.

3. 구원의 복음

가. 십자가와 부활 신앙

예수님께서 우리의 죄를 대신하여 십자가에서 돌아가셨다는 사실을 믿는 사람은 값없이 죄의 문제를 해결 받을 수 있게 되었습니다. 그 믿음을 가진 사람은 이제 영혼의 저주뿐 아니라 육체의 고통과 질병으로부터도 벗어날 수 있게 되었습니다. 이것이 구원의 복음, 곧 기쁜 소식입니다.

> 여호와(야훼)께서 말씀하시되 오라 우리가 서로 변론하자
> 너희의 죄가 주홍 같을지라도 눈과 같이 희어질 것이요
> 진홍 같이 붉을지라도 양털 같이 희게 되리라 이사야 1:18

또한 구원의 복음은 예수님의 부활에 대한 증거를 포함합니다. 예수님은 다시 사셨고, 예수님을 믿는 사람은 마지막 날에 부활할 것을 약속받습니다. 이 역시 기쁘고 놀라운 소식입니다. 그러므로 예수님의 부활을 믿는 사람, 즉 복음을 받아들이는 사람은 더는 죽음을 두려워할 필요가 없습니다.

여자들이 두려워 얼굴을 땅에 대니 두 사람이 이르되

어찌하여 살아 있는 자를 죽은 자 가운데서 찾느냐

여기 계시지 않고 살아나셨느니라

갈릴리에 계실 때에 너희에게 어떻게 말씀하셨는지를 기억하라

이르시기를 인자가 죄인의 손에 넘겨져 십자가에 못 박히고

제삼일에 다시 살아나야 하리라 하셨느니라 한대 누가복음 24:5-7

▶▶▶ 인도자는 복음을 받아들이는 것은 특별한 행위를 요구하지 않는다고 설명합니다. 복음을 받아들이려면, 예수님만이 구원의 길이 되심을 인정하고 예수님이 나의 죄를 위해 돌아가시고 살아나셨음을 믿으면 됩니다. "네가 만일 네 입으로 예수를 주로 시인하며 또 하나님께서 그를 죽은 자 가운데서 살리신 것을 네 마음에 믿으면 구원을 받으리라 사람이 마음으로 믿어 의에 이르고 입으로 시인하여 구원에 이르느니라"(로마서 10:9-10)

▶▶▶ 더불어 인도자는 복음을 받아들이는 이 믿음이 입술의 고백과 더불어 내 안에 예수님을 모시고 살아가겠다는 삶의 결단으로 이어진다고 전합니다. "내가 그리스도와 함께 십자가에 못 박혔나니 그런즉 이제는 내가 사는 것이 아니요 오직 내 안에 그리스도께서 사시는 것이라 이제 내가 육체 가운데 사는 것은 나를 사랑하사 나를 위하여 자기 자신을 버리신 하나님의 아들을 믿는 믿음 안에서 사는 것이라"(갈라디아서 2:20)

나. 구원받은 자들이 누리는 복

1) 하나님의 자녀가 되는 복

예수님을 믿는 자는 하나님의 자녀가 되는 권세를 얻습니다. 하나님의 자녀는 하나님을 '아버지'라고 부를 수 있는 특별한 관계에 들어가게 됩니다.

> 영접하는 자 곧 그 이름을 믿는 자들에게는
> 하나님의 자녀가 되는 권세를 주셨으니
> 이는 혈통으로나 육정으로나 사람의 뜻으로 나지 아니하고
> 오직 하나님께로부터 난 자들이니라 요한복음 1:12-13

▶▶▶ 인도자는 구원을 받으면 소속이 완전히 바뀌게 된다고 전합니다. 그전까지는 사탄의 종이었지만 구원을 받으면 온전히 하나님의 소속이 됩니다. 이것은 죄와 사탄의 권세 아래서 벗어나, 하나님으로 말미암아 참 자유를 누리게 되었다는 뜻이기도 합니다.

2) 죄로부터 해방되는 복

예수님을 통해 인간은 죄로부터 해방되고, 다시는 정죄를 받지 않습니다. 이제부터는 사망의 법이 아닌 생명의 법의 지배를 받게 됩니다.

> 그러므로 이제 그리스도 예수 안에 있는 자에게는
> 결코 정죄함이 없나니 이는 그리스도 예수 안에 있는 생명의 성령의 법이
> 죄와 사망의 법에서 너를 해방하였음이라 로마서 8:1-2
>
> 죄가 너희를 주장하지 못하리니 이는 너희가
> 법 아래에 있지 아니하고 은혜 아래에 있음이라 로마서 6:14

▶▶▶ 인도자는 구원받으면 태어날 때부터 가지게 된 원죄에서 해방되고, 스스로 짓게 되는 자범죄에서도 해방된다고 설명합니다. 비록 구원받은 이후에 죄를 짓게 된다고 할지라도 예수님의 보혈에 의지하여 회개하면 죄 사함을 받습니다.

▶▶▶ 더불어 인도자는 죄에서 자유하게 된 것은 '방종'의 차원이 아님을 강조합니다. 회개만 하면 용서받는다는 사실 때문에 죄에 대한 경각심을 잃는 것은 여기서 말하는 자유와 해방이 아닙니다. 예수님의 희생에 의한 값비싼 은혜를 떠올리며 다시는 죄를 짓지 않으려고 하는 모습, 죄 가운데로 들어가지 않는 모습, 이것이 죄로부터 해방되고 자유로워진 모습입니다. 즉, 죄로부터의 자유는 '마음대로 죄를 지어도 되는 것'을 의미하는 것이 아니라, '죄의 권세와 죄의 유혹으로부터 자유로워지는 것'이라고 할 수 있습니다.

3) 의롭다 하심을 얻는 복

예수님을 믿고 구원받은 사람은 의인입니다. 행위로서가 아니라 오직 은혜로서 하나님은 우리를 의롭다고 인정해 주십니다.

> 모든 사람이 죄를 범하였으매 하나님의 영광에 이르지 못하더니
> 그리스도 예수 안에 있는 속량으로 말미암아
> 하나님의 은혜로 값없이 의롭다 하심을 얻은 자 되었느니라 로마서 3:23-24

▶▶▶ 인도자는 율법으로는 결코 의롭다 하심을 얻을 수 없다고 전합니다. 인간은 아무리 노력해도 율법을 온전히 다 지킬 수 없고, 만약 다 지킨다고 할지라도 예수님을 믿음으로 얻는 의를 능가하지 못합니다. 인도자는 오직 예수님의 보혈을 믿을 때 의인이 되며, 의인으로 여김 받는 것은 아무 공로 없이 은혜로 인한 것임을 강조합니다. 그리고 신앙연수가 늘어나더라도 이 사실을 잊어서는 안 된다고 언급합니다. 신앙생활을 하면 할수록, 행위로 인해 자신의 의를 드러내려는 모습이 나타날 수 있기 때문입니다. 인도자는 시간이 지나도 오직 은혜로 말미암아 의인이 되었다는 핵심적인 진리를 잊지 말자고 권면합니다.

4) 천국 백성이 되는 복

예수님을 믿으면 영원한 사망을 면하고, 천국에서 영원히 살게 됩니다. 또한 이 땅에서도 천국, 즉 하나님 나라를 경험하게 됩니다.

주께서 나를 모든 악한 일에서 건져내시고
또 그의 천국에 들어가도록 구원하시리니
그에게 영광이 세세무궁토록 있을지어다 아멘 디모데후서 4:18

그러나 내가 하나님의 성령을 힘입어 귀신을 쫓아내는 것이면
하나님의 나라가 이미 너희에게 임하였느니라 마태복음 12:28

▶▶▶ 구원받으면 천국에 갑니다. 그러나 천국에 가는 것만을 목적으로 삼고 구원받으려고 하는 모습은 뛰어넘어야 합니다. 구원받는 것은 단지 죽음 이후를 위한 것만은 아니기 때문입니다. 구원받은 자는 하나님과 더불어 이 땅에서 하루하루 살아가면서 이미 천국을 경험하게 됩니다. 그리고 구원받아 하나님의 자녀가 되면 하나님 나라의 가치를 세상의 가치보다 우선하는 영적인 눈이 생깁니다. 그러므로 이전에는 물질적이고 보이는 것에만 가치를 두고 그것으로 울고 웃었지만, 구원받은 이후로는 세상적인 기준을 초월한 기쁨과 행복을 누릴 수 있습니다. 인도자는 이 역시 천국 백성이 누리는 복이라고 전합니다.

5) 전인 구원의 복

예수님을 믿고 영접하는 자의 마음속에는 예수님께서 들어와 계십니다. 이런 사람은 영혼의 복과 범사의 복, 강건함의 복을 삶 속에서 누리게 됩니다.

내가 그리스도와 함께 십자가에 못 박혔나니 그런즉 이제는
내가 사는 것이 아니요 오직 내 안에 그리스도께서 사시는 것이라
이제 내가 육체 가운데 사는 것은 나를 사랑하사
나를 위하여 자기 자신을 버리신 하나님의 아들을 믿는
믿음 안에서 사는 것이라 갈라디아서 2:20

사랑하는 자여 네 영혼이 잘됨 같이
네가 범사에 잘되고 강건하기를 내가 간구하노라 요한3서 1:2

▶ ▶ ▶ 인도자는 인간의 영혼육을 '타락 전, 타락 후, 구원받은 후'로 나누어 설명합니다. 타락 전에 인간의 영은 생령(生靈)이었고, 혼은 하나님의 형상을 닮았고, 육은 썩지 않을 몸이었습니다. 그러나 타락 이후로, 영혼육은 모두 죽게 되었습니다. 이렇게 영혼육 모두 죽게 되었던 인간이 전인구원의 은혜를 누리게 되면 영은 다시 살아나고 혼은 하나님의 형상을 다시 닮게 됩니다. 또한 육은 죽더라도 마지막 날에 다시 부활하는 영광을 얻게 됩니다.

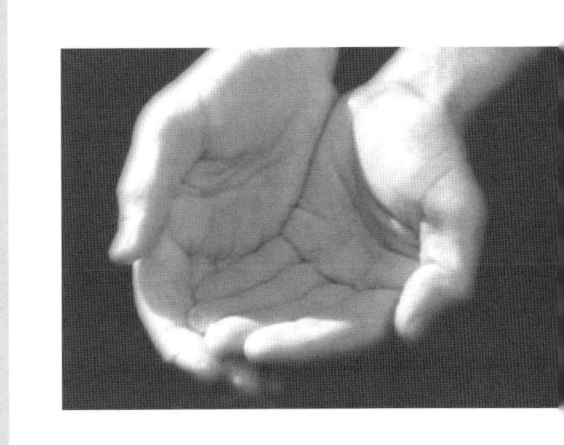

제 2 과 우리를 구원하시는 예수님

더불어 나눔

1. 예수님을 믿고 난 후 경험한 변화에 대해 이야기 나누어 봅시다.

▶▶▶ 인도자는 다음과 같은 예를 미리 들어 줍니다.
- 예수님을 믿기 전에는 죄를 지었을 때 괴롭고 죄책감에 시달렸지만, 예수님을 믿은 후에는 용서받을 수 있기 때문에 자유함을 누린다.
- 예수님을 믿기 전에는 어려움이나 막막함 앞에서 어찌할 바를 몰랐지만, 예수님을 믿은 후에는 언제든지 나아와 간구할 수 있다.
- 예수님을 믿기 전에는 죽음에 대한 두려움이 있었는데, 예수님을 믿은 후에는 천국에 대한 소망으로 인해 죽음이 두렵지 않다.
- 예수님을 믿기 전에는 나밖에 몰랐는데, 예수님을 믿은 후에는 받은 큰 은혜로 말미암아 다른 이들에게 사랑을 나눌 힘이 생겼다.

2. 예수님으로 말미암아 의인 된 우리는 '의인답게' 살아가야 합니다. 삶 속에서 실천할 수 있는 것을 한 가지씩 나누어 봅시다.

▶▶▶ 인도자는 소그룹 구성원이 적용하여 설명할 수 있도록 카테고리를 제시해 줍니다.
첫 번째로, 죄를 멀리하는 삶입니다. 거짓을 멀리하고, 악한 말을 금하는 등, 일상에서 죄를 멀리하는 것에는 어떤 것들이 있을지 나누어 봅니다.
두 번째로, 예수님을 의지하는 삶입니다. 우리가 의인이 된 것은 우리의 공로 때문이 아니라, 전적으로 은혜 가운데서 이루어진 것입니다. 그러므로 의인답게 사는 것 역시 내 생각과 의지만으로 되지 않습니다. 내 삶의 목표와 이전에 가졌던 욕심을 버리고 예수님을 따라가야 합니다. 예수님을 온전히 따르기 위해 우리 삶 가운데서 내려놓아야 할 것이 무엇인지 나누어 봅니다.
세 번째로, 성경적인 삶입니다. 성경말씀은 하나님 아버지께서 주신 말씀입니다. 그 말씀 한 구절 한 구절을 실천하고자 노력하는 것이 의인으로 나아 가는 삶입니다. 소그룹 구성원들끼리 특별히 기억나는 말씀을 떠올린 후 어떻게 실천하면 좋을지 말해 봅니다.

주제 말씀 암송

모든 사람이 죄를 범하였으매 하나님의 영광에 이르지 못하더니 그리스도 예수 안에 있는 속량으로 말미암아 하나님의 은혜로 값없이 의롭다 하심을 얻은 자 되었느니라

로마서 3:23-24

▶▶▶ 인도자는 이 말씀이 '구원이 전적인 은혜'임을 보여 주는 중요한 구절이라고 전합니다. 이 구절을 통해 우리는 인간의 힘으로는 결코 구원에 이를 수 없고, 오직 하나님의 구원 계획과 예수님의 희생으로 인해 의인이 될 수 있음을 다시 한 번 깨달을 수 있습니다.

▶▶▶ 인도자는 마음에 새기기를 통해 이 과에서 배운 내용을 점검하고 중요 내용을 숙지할 수 있어야 한다고 말합니다. 읽을 때에는, 스스로 읽고 복습하는 것도 좋지만 서로 짚어 주는 것이 더 효과적일 수 있습니다. 그러므로 소그룹별로 읽어볼 수 있도록 유도합니다. 또한 인도자는 1주에 한 번 이상 이 내용을 각자 체크할 수 있도록 권면합니다.

모든 인간은 구원받아야 할 죄인입니다

1. 최초의 인간은 에덴동산에서 하나님의 말씀을 어기고 죄를 범하였습니다.
2. 아담의 죄로 말미암아 모든 인간이 죄 가운데 거하게 되었습니다.
3. 인간의 노력으로는 죄의 문제를 해결할 수 없습니다.

예수님께서 십자가에 돌아가시고 부활하셨습니다

1. 하나님께서 우리에게 구원의 길을 여시고자 자신의 아들 예수 그리스도를 보내 주셨습니다.
2. 예수님께서는 우리의 죄를 대신하여 십자가에 매달려 돌아가셨습니다.
3. 십자가에 돌아가신 예수님은 사망을 이기시고 사흘 만에 부활하셨습니다.

복음을 받아들이고 예수님을 믿어야 합니다

1. 예수님께서 우리를 위해 돌아가시고 부활하셨다는 것이 복음입니다.
2. 예수님을 믿기만 하면 우리는 영원한 구원에 이를 수 있습니다.
3. 예수님을 믿는 사람은 이전에 경험하지 못했던 놀라운 변화들을 경험하게 됩니다.

▶ ▶ ▶ 인도자는 이 과를 정리하며 마무리합니다. 이 과는 복음에 대한 핵심을 담고 있습니다. 그러므로 인도자는 이 과를 통해 예수님을 만나고 예수님을 삶에 모셔야 한다고 다시 한 번 강조합니다.

다음 과에서는 복음을 받아들이고 구원받은 성도가 '이제 어떻게 살아야 하는가'에 대해 본격적으로 다루게 됩니다. 그중에서도 교회적인 차원에서 다루게 됩니다.

제3과

그리스도인의 교회생활

오늘 우리는...
- 이 과를 통해, 교회의 의미와 교회 내의 모임에 대해 알게 됩니다.
- 이 과를 통해, 예수님의 몸 된 교회가 어떻게 하면 예수님의 사명을 이어갈 수 있는지 알게 됩니다.

▶▶▶ 이 과는 구원받은 성도에게 교회생활이 왜 중요한지, 성도가 어떻게 교회생활을 해야 하는지를 다루고 있습니다. 그리고 이 사실들을 알기 위해 먼저 교회에 대한 본질적인 의미를 전하고 있습니다. 인도자는 그리스도인의 삶이 교회 중심이어야 한다는 것을 기억하면서 이 과를 배워야 한다고 설명합니다.

마음 문 열기

1620년, 102명의 청교도가 영국에서의 종교 박해를 피해 메이플라워 호를 타고 아메리카 대륙을 향해 출발했습니다. 그들은 온갖 고생 끝에 아메리카 대륙에 상륙하게 되었는데, 그곳은 지금의 미국 북동부 매사추세츠주의 플리머스라는 지역이었습니다.

그들이 그곳에 정착하여 가장 먼저 한 일은 자신들의 집을 짓고 학교나 병원을 세우는 일이 아닌, 바로 교회를 세우는 일이었습니다. 신앙의 자유를 찾아 미국에 도착한 그들은 새로운 나라를 건설하기 위해 가장 중요한 일은 교회를 짓는 것이라고 확신했습니다.

지금도 청교도들이 세운 교회가 그 자리에 아름다운 모습으로 남아 있습니다. 그리고 교회를 가장 중요하게 생각했던 그들이 건설한 새로운 나라가 오늘날의 미국이 되었습니다. 미국이 전 세계에서 가장 강력한 대국이 된 비결은 다름 아닌 청교도들의 교회 사랑으로부터 비롯된 것입니다.

▶▶▶ 인도자는 청교도들이 교회를 우선순위로 삼았다는 것에 강조점을 두도록 합니다. 특히 그들의 삶에 여유가 있고 안정된 상황에서 교회를 세운 것이 아니었음을 설명합니다. 그들은 아무것도 갖춰지지 않은 곳에서, 아직 생계의 기반조차 마련되지 않은 상황 속에서 교회를 세우고 예배를 드렸습니다. 그런데 놀랍게도 하나님을 예배할 교회를 먼저 짓자, 하나님께서는 그들의 삶을 풍요로 이끌어 주셨습니다. 인도자는 청교도들처럼, 자신의 처한 환경이 어떠하든지 하나님을 예배하는 것에 먼저 초점을 맞추자고 권면합니다. 그러면 나머지 삶은 하나님이 알아서 책임져 주신다고 전합니다. 또한 이렇게 '예배하는 것을 우선으로 삼는 삶'은 개개인의 일상에서도 이루어질 수 있지만, 그에 앞서 '교회를 중심으로' 실현됨을 강조합니다.

한 주간 당신의 삶의 중심을 어디였나요?(학교, 직장, 교회, 가정 등등)
한 주 동안 당신이 주로 머무른 곳에서 당신은
어떤 만족감을 얻었나요?

▶ ▶ ▶ 사람들은 자신이 중요하게 생각하는 일에 많은 시간을 투자하고, 오랜 시간
을 그곳에 머물게 됩니다. 우리가 삶의 중심을 두고 많은 시간을 할애해야 할
일은 다름 아닌 삶 가운데서 하나님을 예배하는 것입니다. 인도자는 이러한
사실을 설명하면서 예배자의 삶을 살 때 삶의 만족함을 얻게 된다고 설명합
니다.

▶ ▶ ▶ 인도자는 신앙 입문 학교의 전반적인 구성을 다시 한 번 짚어 줍니다. 지금까
지 1, 2과가 '신앙인이 되는 것'에 대한 입문 과정을 다뤘다면, 앞으로는 '신
앙인으로서의 삶'에 대한 입문 과정을 다루게 됩니다. 그중에서도 3과는 교
회와 관련된 그리스도인의 삶입니다. 그런
데 삶을 다루기에 앞서 교회에 대한 개념도
배우게 되는데, 이것은 단순히 교회에 대한
설명이 아니라, 그리스도인의 정체성을 세
우는 것과 연관이 됩니다. 그리스도인 하나
하나가 곧 교회이기 때문입니다.

1. 교회의 의미

▶▶▶ 인도자는 교회의 의미나 성격 등을 여러 가지 방법으로 표현할 수 있지만, 여기서는 특별히 교회의 태동기를 배경으로 배우게 됩니다. 그리고 교회가 처음 세워질 때를 중심으로 설명하기 때문에, 그만큼 본질적이고 핵심적인 의미를 다루게 됩니다.

가. 믿는 자들의 모임

예수님께서는 십자가에 달려 돌아가시고 사흘 만에 부활하셨습니다. 그리고 제자들에게 하나님께서 약속하신 성령을 기다리라는 당부를 남기고 하늘로 올라가셨습니다.

이후 제자들은 계속해서 모임을 갖고 기도에 전념했습니다. 그리고 얼마 지나지 않아, 오순절 날 아침에 다락방에 모인 제자들 위에 성령이 임하셨습니다. 성령을 받고 변화된 제자들은 사람들에게 담대히 복음을 전파하기 시작했습니다.

> 오순절 날이 이미 이르매 그들이 다같이 한 곳에 모였더니
> 홀연히 하늘로부터 급하고 강한 바람 같은 소리가 있어
> 그들이 앉은 온 집에 가득하며 마치 불의 혀처럼 갈라지는 것들이
> 그들에게 보여 각 사람 위에 하나씩 임하여 있더니
> 그들이 다 성령의 충만함을 받고 성령이 말하게 하심을 따라
> 다른 언어들로 말하기를 시작하니라 사도행전 2:1-4

제자들의 설교를 듣고 그날에 무려 3천 명이나 되는 사람들이 회개하고 예수님을 구주로 영접하는 일이 벌어졌습니다. 그렇게 변화된

사람들이 함께 모이기에 힘썼고, 교제하고 떡을 떼며 하나님을 찬미하는 일에 전념하게 되었습니다. 이것이 바로 교회의 시작입니다.

> 믿는 사람이 다 함께 있어 모든 물건을 서로 통용하고
> 또 재산과 소유를 팔아 각 사람의 필요를 따라 나눠 주며
> 날마다 마음을 같이하여 성전에 모이기를 힘쓰고
> 집에서 떡을 떼며 기쁨과 순전한 마음으로 음식을 먹고
> 하나님을 찬미하며 또 온 백성에게 칭송을 받으니
> 주께서 구원 받는 사람을 날마다 더하게 하시니라 사도행전 2:44-47

교회를 의미하는 헬라어(신약성경이 기록된 언어) 단어인 '에클레시아(ἐκκλησία)'는 어떤 건물이나 조직체를 뜻하는 것이 아닙니다. 이 단어의 뜻은 '부르심을 입은 사람들의 모임'입니다. 예수님을 구주로 영접하여 변화 받은 사람들의 모임, 그 모임 자체가 교회입니다.

나. 신앙고백 공동체

예수님께서는 "주는 그리스도시요 하나님의 아들이십니다."라는 베드로의 신앙고백을 들으시고, 이러한 신앙고백 위에 자신의 교회를 세우겠다고 말씀하셨습니다. 교회는 예수 그리스도를 구주로 고백하는 믿음의 반석 위에 세워진 공동체입니다.

시몬 베드로가 대답하여 이르되

주는 그리스도시요 살아 계신 하나님의 아들이시니이다

또 예수께서 대답하여 이르시되 바요나 시몬아 네가 복이 있도다

이를 네게 알게 한 이는 혈육이 아니요 하늘에 계신 내 아버지시니라

또 내가 네게 이르노니 너는 베드로라 내가 이 반석 위에

내 교회를 세우리니 음부의 권세가 이기지 못하리라 마태복음 16:16-18

초대교회 때부터 지금에 이르기까지 참된 교회를 가장한 거짓 교회들이 점점 많아지고 있습니다. 거짓 교회, 즉 이단의 가장 큰 특징은 예수 그리스도가 구주이심을 부인하는 것입니다. 교회는 오직 예수님만을 구주로 인정하는 순결한 신앙의 고백 위에 세워져야 합니다.

거짓말하는 자가 누구냐 예수께서 그리스도이심을 부인하는 자가 아니냐 아버지와 아들을 부인하는 그가 적그리스도니 요한1서 2:22

▶▶▶ 인도자는 교회가 외형적인 건물 이상의 의미가 있다고 설명합니다. 하나님께서는 구약시대에 성막이나 성전 건축을 명하셨지만, 신약시대 이후로는 예배 드릴 수 있는 건물을 건축하라고 하신 적이 없습니다. 신약시대 이후 예배당은 '모임'을 위한 필요 때문에 건축하는 것일 뿐입니다. 실제로 초대교회 때는 따로 건물을 짓지 않고, 가정집을 중심으로 교회가 세워졌고 예배 모임을 가졌습니다. 그러므로 인도자는 교회를 건물이나 조직체로 바라보지 말고, '믿는 자들이 함께 하는 공동체'로 인식해야 한다고 전합니다.

2. 모임에 힘쓰는 교회생활

가. 모여야 하는 이유

성도가 함께 모여서 예배하는 것은 하나님의 뜻입니다. 모이는 것은 선택이 아니라, 거룩한 의무입니다.

아버지께 참되게 예배하는 자들은 영과 진리로
예배할 때가 오나니 곧 이 때라 아버지께서는 자기에게 이렇게
예배하는 자들을 찾으시느니라 하나님은 영이시니
예배하는 자가 영과 진리로 예배할지니라 요한복음 4:23-24

서로 돌아보아 사랑과 선행을 격려하며 모이기를 폐하는
어떤 사람들의 습관과 같이 하지 말고 오직 권하여
그 날이 가까움을 볼수록 더욱 그리하자 히브리서 10:24-25

이러한 거룩한 의무는 우리의 신앙에 놀라운 유익을 가져다줍니다. 교회에 나와 함께 예배할 때 우리의 신앙이 성장할 수 있습니다. 특히 어린 아이의 신앙에서 장성한 어른의 신앙으로 자라기 위해서는 영의 양식을 공급받는 것이 중요한데, 이것은 혼자서 성경말씀을 읽는 것만으로는 부족합니다. 예배에 참석하여 목회자의 입을 통해 들려주시는 설교, 곧 하나님의 말씀을 들어야 합니다.

그러므로 믿음은 들음에서 나며
들음은 그리스도의 말씀으로 말미암았느니라 로마서 10:17

▶▶▶ 공적예배가 개인적으로 드리는 예배와 차이가 나는 결정적인 부분이 설교시간의 유무입니다. 인도자는 스스로 말씀을 읽고, 듣고, 묵상하는 것도 필요하지만, 하나님께서 세우신 종, 목회자의 설교말씀을 듣는 것 역시 반드시 필요하다고 전합니다. 오늘날 예배시간 중, 설교말씀을 듣는 시간이 절반 가량을 차지하는 것은 그만큼 설교말씀이 '모이는 예배'에 있어 중요하기 때문입니다.

또한 하나님 안에서 화목하고 교제를 나누는 것 역시 예배의 한 모습입니다. 교제를 위해서는 반드시 모이고 함께 해야 합니다. 우리는 하나님께서 모임 중에 거하신다고 하신 말씀을 기억하며 소수일지라도 모여서 함께 예배해야 합니다.

> 두세 사람이 내 이름으로 모인 곳에는
> 나도 그들 중에 있느니라 마태복음 18:20

▶▶▶ 인도자는 초대교회 때의 예배 모습에 대해 들려줍니다. 교회사 기록에 의하면, 초대교회 때 성도들은 함께 모여서 식사하고, 각자의 삶을 편하게 나누었습니다. 그리고 지도자와 같은 사람들이 자연스럽게 예수님에 대해서, 복음에 관해서 이야기했습니다. 비록 지금과 같은 형식의 예배는 아니었지만, 그들은 사랑의 교제 안에서 참된 예배를 드릴 수 있었습니다.

▶▶▶ 인도자는 교회에서의 모임이 중요하지만, 모임이 형식적이고 제도적인 것으로 흘러지 말아야 한다고 강조합니다. 모임이 중요하되, 무엇보다 중요한 것은 모임의 형식과 절차가 아니라, 그 모임 가운데 이루어지는 하나님과의 만남입니다. 외적인 형식이나 교회 제도 및 조직 등에 극단적으로 치중한 모임은 폐해를 낳을 수 있습니다. 실제로, 1920년대에 교회가 제도권화 되던 것에 저항하여 무교회주의 사상(참 그리스도교는 교회 없이도 가능하며, 그리스도교의 궁극적 소망인 구원도 교리 없이 가능하다는 사상)이 대두된 사례가 있습니다. 인도자는 이런 흐름에 혼란을 느끼지 않도록 모임의 본질을 잘 지켜나가야 한다고 강조합니다.

나. 모임의 기원과 변화

1) 예수님의 부활 이전

하나님께서는 이스라엘 백성에게 매주 안식일마다 모여 예배하도록 명령하셨습니다. 세상을 지으신 창조주 하나님을, 그리고 이스라엘 백성을 구원하신 구원자 하나님을 기억하기 위해 모이라는 것이었습니다. 이런 이유 때문에 구약시대 때부터 예수님이 부활하시기 전까지는 일주일의 마지막 날인 안식일, 즉 토요일에 모여 하나님께 예배했습니다.

> 네 하나님 여호와(야훼)가 네게 명령한 대로 안식일을 지켜 거룩하게 하라
> 너는 기억하라 네가 애굽 땅에서 종이 되었더니
> 네 하나님 여호와(야훼)가 강한 손과 편 팔로
> 거기서 너를 인도하여 내었나니
> 그러므로 네 하나님 여호와(야훼)가 네게 명령하여
> 안식일을 지키라 하느니라 신명기 5:12, 15

2) 예수님 부활 이후

예수님께서 우리의 죄를 대신하여 찢기시고 피를 흘리셨습니다. 예수님의 죽음은 단번에 이루신 영원한 제사입니다. 그때부터 이 은혜를 기억하기 위해 모이게 되었고, 예수님께서 부활하신 날인 일요일을 안식일로 지키게 되었습니다. 오늘날 일요일에 모여서 공식적인 예배를 드리게 된 것도 이런 이유 때문입니다.

내가 너희에게 전한 것은 주께 받은 것이니
곧 주 예수께서 잡히시던 밤에 떡을 가지사 축사하시고 떼어 이르시되
이것은 너희를 위하는 내 몸이니 이것을 행하여 나를 기념하라 하시고
식후에 또한 그와 같이 잔을 가지시고 이르시되
이 잔은 내 피로 세운 새 언약이니 이것을 행하여
마실 때마다 나를 기념하라 하셨으니
너희가 이 떡을 먹으며 이 잔을 마실 때마다
주의 죽으심을 그가 오실 때까지 전하는 것이니라 고린도전서 11:23-26

▶▶▶ 인도자는 교회에서 일요일을 '주일(주의 날)'이라고 부르게 된 것 역시 이런 이유 때문이라고 전합니다. 또한 유대교를 믿는 이스라엘이나 안식교는 여전히 토요일에 모이고 있지만, 우리는 주일(일요일) 모임을 원칙으로 삼아야 한다고 강조합니다.

다. 모임의 종류

교회의 모임은 크게 두 종류로 나눌 수 있는데, 첫째는 대그룹 모임입니다. 대그룹 모임은 주일예배, 수요예배, 새벽예배와 같은 공적예배(교회의 성도라면 참석해야 할 예배)를 말합니다.

둘째는 소그룹 모임으로 구역, 셀, 사역 팀이 해당합니다. 우리는 대그룹 모임뿐만 아니라 구역, 셀, 사역 팀과 같은 소그룹 모임에도 참여해야 합니다. 예수님께서는 하늘로 올라가시면서 "모든 민족을 제자로 삼으라"는 마지막 지상명령을 남기셨습니다. 우리는 단지 구원받아 예배에 출석하는 것으로 그치는 것이 아니라, 예수님의 제자로 성장해 나갈 수 있도록 양육 받아야 합니다. 소그룹 모임은 처음 신앙을 갖게 된 사람들이 예수님의 제자로 성장하기 위해 가장 탁월

한 도구입니다.

> 예수께서 나아와 말씀하여 이르시되 하늘과 땅의 모든 권세를
> 내게 주셨으니 그러므로 너희는 가서 모든 민족을 제자로 삼아
> 아버지와 아들과 성령의 이름으로 세례를 베풀고
> 내가 너희에게 분부한 모든 것을 가르쳐 지키게 하라······ 마태복음 28:18-20

▶▶▶ 인도자는 소그룹 구성원들이 좀 더 실제적으로 이해할 수 있도록, 해당 교회의 예를 듭니다. 대그룹 모임에 대해 설명할 때는 해당 교회의 공예배들을 제시합니다(주일예배, 수요예배, 새벽예배, 철야예배 등). 그리고 소그룹 모임에 대해 설명할 때는 해당 교회의 구역, 소그룹, 사역 팀들을 열거합니다. 그러할 때, 소그룹 구성원들이 더욱 쉽게 이해할 수 있습니다.

▶▶▶ 더불어 인도자는 대그룹 모임과 소그룹 모임이 모두 중요하며, 반드시 병행되어야 한다고 전합니다. 간혹 대그룹 모임만 참여하고 소그룹 모임은 친교 정도로만 생각하며 간과하는 사람이 있습니다. 반대로 소그룹 모임은 즐겁게 참여하면서, 대그룹 모임은 지루해하는 사람이 있습니다. 인도자는 두 가지 모임 모두 건강한 신앙생활을 위해 필수적임을 분명하게 일깨워 줍니다.

3. 예수님의 몸 된 교회

교회는 예수님의 몸입니다. 이는 교회가 예수님 중심의 공동체가 되어 말씀 안에서 지속적으로 성장해야 하며, 예수님의 사역을 계속해서 이어나가야 한다는 뜻입니다.

> 교회는 그의 몸이니 만물 안에서 만물을
> 충만하게 하시는 이의 충만함이니라 에베소서 1:23

가. 하나 됨과 교제

교회의 모든 구성원은 예수님의 각 지체입니다. 각 지체가 저마다의 기능을 적절히 담당해야 몸이 생명을 유지하고 성장할 수 있듯이, 교회의 지체들도 이처럼 맡은 역할을 잘 감당해야 합니다.

> 너희는 그리스도의 몸이요 지체의 각 부분이라
> 하나님이 교회 중에 몇을 세우셨으니
> 첫째는 사도요 둘째는 선지자요 셋째는 교사요
> 그 다음은 능력을 행하는 자요 그 다음은 병 고치는 은사와
> 서로 돕는 것과 다스리는 것과
> 각종 방언을 말하는 것이라 고린도전서 12:27-28

이때 가장 중요한 것이 '하나 됨'입니다. 각 지체가 제각각으로 행동하고, 자신의 역할을 감당하는 것에만 신경 쓴다면, 교회는 건강하게 성장하지 못합니다. 각자 처한 상황과 받은 직분은 다 다르지만, 예수님의 한 몸 된 지체라는 마음으로 먼저 하나가 되어야 합니다.

> 이제 지체는 많으나 몸은 하나라 고린도전서 12:20

하나가 되는 것은 예수님의 소원이기도 합니다. 하나 됨 가운데서 교회는 선한 교제를 나누어야 합니다. 교회 안에서 자녀가 하나 되어 화목하게 교제할 때 아버지 되신 하나님께서 가장 기뻐하십니다.

> 아버지여, 아버지께서 내 안에, 내가 아버지 안에 있는 것 같이
> 그들도 다 하나가 되어 우리 안에 있게 하사
> 세상으로 아버지께서 나를 보내신 것을 믿게 하옵소서 요한복음 17:21

▶▶▶ 인도자는 교회의 하나 됨을 여러 가지 측면에서 살펴볼 수 있다고 전합니다.

첫째는, 영적인 측면입니다. 그리스도의 몸 된 교회는 이미 영적으로 하나입니다. 그러므로 교회의 성도들이 세상에서 각자 다른 삶을 살아간다고 해도 영적으로는 여전히 하나라고 볼 수 있습니다(고린도전서 12:27; 에베소서 1:23).

둘째는, 외형적인 측면입니다. 교회는 분열과 파당을 멀리해야 합니다. 이것은 하나님 앞에서 큰 죄악입니다. 서신서들을 보면, 사도 바울이 분열 있는 교회를 향해 엄격히 경고했음을 확인할 수 있습니다(고린도전서 1:13; 갈라디아서 5:19-21; 에베소서 4:3).

셋째는, 교리적인 측면입니다. 교리(敎理)는 진리를 말로 표현한 것이라고 할 수 있습니다. 교회의 성도들은 이 진리 안에서 하나가 되어야 하며, 바른 교리를 끝까지 믿고 나아가야 합니다.

나. 섬김과 봉사

예수님께서 공생애 동안 보여 주신 다양한 삶을 한마디로 정리하면 '섬김'이라고 할 수 있습니다. 예수님은 섬김의 본이 되셨습니다. 섬김은 또한 예수님이 이 땅에 오신 이유이기도 합니다. 예수님은 왕으로 오셨지만, 권세를 누리지 않으시고, 낮은 곳을 찾아다니시며 하나님 나라를 확장하셨습니다.

이러한 예수님의 섬김을 교회가 이어나가야 합니다.

> 인자가 온 것은 섬김을 받으려 함이 아니라
> 도리어 섬기려 하고 자기 목숨을 많은 사람의 대속물로 주려 함이니라
>
> 마가복음 10:45
>
> 내가 주와 또는 선생이 되어 너희 발을 씻었으니
> 너희도 서로 발을 씻어 주는 것이 옳으니라 요한복음 13:14

섬김은 봉사라는 구체적인 모습으로 나타납니다. 성령께서는 교회에 속한 모든 지체에게 각각 알맞은 은사를 선물로 주셨는데, 그 은사는 봉사할 수 있는 원동력이 됩니다.

> 서로 대접하기를 원망 없이 하고 각각 은사를 받은 대로
> 하나님의 여러 가지 은혜를 맡은 선한 청지기 같이 서로 봉사하라
> 만일 누가 말하려면 하나님의 말씀을 하는 것 같이 하고
> 누가 봉사하려면 하나님이 공급하시는 힘으로 하는 것 같이 하라
> 이는 범사에 예수 그리스도로 말미암아 하나님이 영광을
> 받으시게 하려 함이니 그에게 영광과 권능이 세세에
> 무궁하도록 있느니라 아멘 베드로전서 4:9-11

▶▶▶ 인도자는 초대교회 성도들이 서로 섬겼던 모습을 전합니다. 초대교회 성도들은 자신의 재산까지 팔아가며 다른 이들의 필요를 채우고자 했습니다(사도행전 2:44-45). 특히 서신서에는 성도들 간에 교회 간에 서로 섬기고 봉사할 것을 강조하는 말씀들이 많이 있습니다(로마서 12:13; 고린도후서 8:4; 갈라디아서 2:10; 야고보서 5:14-15; 베드로전서 4:9-10). 인도자는 초대교회의 이런 모습이 오늘날 교회의 문화로 재현되어야 한다고 전달합니다.

다. 교육과 양육

예수님께서는 이 땅에 오셔서 천국 복음을 가르치시고, 제자들을 양육하셨습니다. 그리고 '너희도 가서 전할 것'과 '너희도 가서 제자 삼을 것'을 명령하셨습니다. 이는 교회가 해야 할 일을 보여 주는 것입니다.

> 그러므로 너희는 가서 모든 민족을 제자로 삼아
> 아버지와 아들과 성령의 이름으로 세례(침례)를 베풀고 마태복음 28:19
>
> 오직 성령이 너희에게 임하시면 너희가 권능을 받고
> 예루살렘과 온 유대와 사마리아와 땅 끝까지 이르러
> 내 증인이 되리라 하시니라 사도행전 1:8

그러므로 교회는 복음의 진리를 비롯하여 하나님의 말씀을 가르치는 일에 힘써야 합니다. 그리고 예수님의 제자를 세워나가는 일로 교회의 역할을 연장해 나가야 합니다. 양육을 통해 예수님의 제자가 되었다면, 제자로 세워진 사람은 또 다른 제자를 양육하는 일에 헌신해야 합니다. 이렇게 교육과 양육이 이어지는 것이 예수님의 사역을 이어가는 교회의 모습입니다.

▶▶▶ 인도자는 교육과 양육을 교회성장과 연결합니다. 교회성장은 건물의 증축이나 교인 수의 증가만을 가지고 설명할 수 없습니다. 교회성장은 무엇보다 영적인 관점에서 설명할 수 있어야 하는데, 그것은 교육 및 양육과 직결됩니다. 참된 성장을 하는 교회는 하나님 보시기에 거룩하고 흠이 없는 교회여야 하는데(에베소서 5:26-27), 그런 교회가 되려면 성도들을 말씀으로 바르게 가르치고 양육한 후, 영적·인격적으로 성장시켜야 하기 때문입니다. 그러므로 교회성장은 외형적이거나 전체적인 측면이 아닌, 성도 개개인의 영적 성장을 통해 설명되어야 합니다.

제 3 과 그리스도인의 교회생활

1. 각자가 참여하고 있는 교회 내의 소그룹 모임에 대해 나누고, 동참할 수 있는 새로운 모임이 있다면 소개해 줍시다.

▶▶▶ 소그룹에 대해 나누는 것은, 소그룹을 소개하는 목적과 더불어 참여를 독려하는 목적을 함께 담고 있습니다. 인도자는 아직 참여하는 소그룹이 없는 구성원들이 이 기회로 소그룹이나 모임에 참여할 수 있게 도와줍니다.

2. 섬기는 자리에는 반드시 예수님도 함께 계십니다. 섬김의 자리에서 예수님의 임재를 강하게 경험한 적이 있다면 함께 나누어 봅시다.

▶▶▶ 인도자는 각자 자신의 경험을 솔직하게 나눌 수 있도록 유도합니다. 그리고 자신의 경험이 아니더라도, TV나 주변에서 예수님을 느끼게 하는 섬김을 본 사례가 있다면, 함께 나누도록 합니다.

마음 밭에 심기

주제 말씀 암송

믿는 사람이 다 함께 있어 모든 물건을 서로 통용하고 또 재산과 소유를 팔아 각 사람의 필요를 따라 나눠 주며 날마다 마음을 같이하여 성전에 모이기를 힘쓰고 집에서 떡을 떼며 기쁨과 순전한 마음으로 음식을 먹고 하나님을 찬미하며 또 온 백성에게 칭송을 받으니 주께서 구원 받는 사람을 날마다 더하게 하시니라 **사도행전 2:44-47**

▶▶▶ 이 성구가 이 과에서 특별히 중요한 이유는 참된 교회의 모습을 여실히 보여 주고 있기 때문입니다. 인도자는 이 성구에 나타난 교회의 모습들을 다시금 짚어 주면서, 성도로서의 삶을 점검할 수 있게 합니다.

마음에 새기기

▶▶▶ 인도자는 마음에 새기기를 통해 이 과에서 배운 내용을 점검하고 중요 내용을 숙지할 수 있어야 한다고 말합니다. 읽을 때에는, 스스로 읽고 복습하는 것도 좋지만 서로 짚어 주는 것이 더 효과적일 수 있습니다. 그러므로 소그룹별로 읽어볼 수 있도록 유도합니다. 또한 인도자는 1주에 한 번 이상 이 내용을 각자 체크할 수 있도록 권면합니다.

교회는 믿는 자들의 모임이며, 신앙고백 공동체입니다

1. 예수님께서는 제자들에게 모이기에 힘쓰며 기도하도록 명령하셨습니다.
2. 예수님의 명령에 따랐던 제자들이 성령을 받고 복음을 전파하여 교회를 세웠습니다.
3. 교회는 예수 그리스도를 구주로 고백하는 믿음 위에 세워진 공동체입니다.

교회에서 모임에 힘써야 합니다

1. 교회에 모이는 것은 하나님의 뜻이며, 우리의 신앙성장을 위해서도 꼭 필요합니다.
2. 예수님의 부활 이후부터 주일(일요일)에 모임을 갖게 되었습니다.
3. 교회의 대그룹 모임과 소그룹 모임 모두 중요하게 여기며 참여해야 합니다.

교회는 예수님의 몸입니다

1. 예수님의 몸인 교회는 하나 되어 주의 일에 힘쓰고, 성도들이 주 안에서 화목하게 교제해야 합니다.
2. 교회는 예수님께서 이 땅에서 보여 주신 삶인 섬김과 봉사의 삶을 이어가야 합니다.
3. 교회는 성도들을 복음의 진리와 하나님의 말씀으로 양육하며, 제자를 세워나가야 합니다.

▶ ▶ ▶ 인도자는 이 과를 정리하며 마무리합니다. 이 과는 신앙을 갖게 된 사람이 교회를 중심으로 어떻게 신앙생활을 해나가야 하는지를 가르치고 있습니다. 인도자는 교회의 본질 및 교회의 사명을 되새기면서 우리가 나아가야 할 바를 함께 기억하자고 권면합니다.
다음 과에서는 이 과에서 배운 내용과 연결하여, 그리스도인이 일상 속에서, 세상 가운데 어떻게 살아야 하는지를 배우게 됩니다.

제 3 과 그리스도인의 교회생활

제4과
그리스도인의 삶

오늘 우리는...

- 이 과를 통해, 예수님을 따르는 그리스도인이 이 땅에서 어떤 삶을 살아야 하는지를 이해하게 됩니다.
- 이 과를 통해, 예수님의 가르침과 삶을 따르기 위해 그리스도인이 가져야 할 마음을 알게 됩니다.

▶▶▶ 인도자는 이 과에서, 그리스도인이 이 땅에서 어떻게 살아야 하는지를 배우게 된다고 전합니다. 그런데 이것은 특정 장소나 특정 시간에만 기억하고 명심해야 할 내용이 아닙니다. 매일의 삶을 어떻게 살 것인지에 대한 내용입니다. 더불어 인도자는 그리스도인으로서의 삶이 곧 예수님을 따라가는 삶이라는 것을 기억하면서 이 과에 임하자고 말합니다.

마음 문 열기

　　일본의 가가와 도요히코 목사는 평화 운동의 지도자로서 기독교인뿐만 아니라 비기독교인들로부터도 많은 존경을 받았습니다. 그러던 그가 2차 세계 대전 때 기독교 활동을 한다는 이유로 일본 정부에 의해 붙잡히게 되었고, 감옥에 갈 수밖에 없는 상황이 되었습니다. 그런데 그의 명성을 익히 알고 있었던 일본 황제가 그를 불러 이렇게 질문했습니다.

"선생이 그렇게 죽도록 충성하는 예수는 도대체 누구인가?"

질문을 받은 가가와 목사는 한참을 생각했습니다. 그리고는 이렇게 대답했습니다.

"저는 예수님을 닮았습니다. 저를 보시면 예수가 어떤 분인지 아실 수 있습니다."

그 대답을 들은 황제는 이렇게 말했습니다.

"그렇소? 그렇다면 예수란 분은 정말로 훌륭한 분임이 틀림없겠군요."

결국 가가와 목사는 황제의 특별한 배려로 석방되었습니다.

▶▶▶ 이 예화에서 가가와 도요히코 목사는 끝내 일본 정부의 말을 듣지 않았습니다. 그럼에도 그의 삶은 일본 황제를 감화시켰고, 예수님을 더욱 강력히 증거하는 도구가 되었습니다. 아무리 사단이 방해한다고 할지라도, 예수님의 향기를 드러내는 삶은 다른 사람을 감화시킬 수밖에 없습니다. 특히 가가와 도요히코 목사는 예수님을 전혀 모르는 일본 황제에게 자신의 삶을 통해 예수님을 알릴 수 있었습니다. 인도자는 오늘날, 이러한 그리스도인들이 더욱 늘어나야 한다고 전합니다. 그리고 우리부터가 이러한 그리스도인, 즉 작은 예수가 되어야 한다고 강조합니다.

예수님을 닮았다는 것은
과연 어떤 모습을 말하는 것일까요?

▶▶▶ 예수님을 닮는 것은 나 자신이 죽는 것입니다. 다시 말해, 내가 죽고 내 안에 그리스도가 살아가는 것입니다. 자신의 것을 모두 내려놓지 않고서는 예수님을 닮아갈 수 없습니다. 자신의 의지, 자신의 색깔을 그대로 가지고 있는 상태에서는 예수님의 모습이 내 삶에 나타나려야 나타날 수 없습니다. 간혹 의로운 행동을 보여서 많은 이에게 존경을 받는 사람이 있습니다. 그러나 아무리 선한 행동을 많이 한다고 할지라도 자신이 죽지 않으면, 그것은 결국 자신을 드러내는 것에 지나지 않습니다. 그러므로 인도자는 온전히 자신을 버리고 예수님을 좇을 때, 예수님의 향기가 삶에 묻어나게 됨을 분명하게 강조합니다.

▶▶▶ 하나님을 믿고, 예수 그리스도의 복음을 받아들이고, 교회에서 신앙생활을 시작하게 된 사람들에게는 이전과 다른 새로운 삶이 시작됩니다. 교회 내에서만이 아니라, 일상에서도 변화된 삶을 살게 되는 것입니다. 그 새로운 삶은 새로운 신분과 함께 주어지는데, 그 새로운 신분은 바로 '그리스도인'이라는 신분입니다. 인도자는 그리스도인이 세상에서 어떠한 삶을 살아야 하는지를 살펴보자고 말하며 이 과를 시작합니다.

그리스도인은 예수님의 삶을 이어가는 존재입니다. 예수님께서 이 땅에서 행하신 사역은 가르치시고, 치유하시고, 복음을 전파하시는 것이었습니다. 즉 그리스도인은 예수님께서 가르치신 말씀을 따라 실천하는 삶, 예수님처럼 사랑으로 치유하는 삶, 복음을 전파하는 삶을 살아야 합니다.

> 예수께서 모든 도시와 마을에 두루 다니사
> 그들의 회당에서 가르치시며 천국 복음을 전파하시며
> 모든 병과 모든 약한 것을 고치시니라 마태복음 9:35

1. 말씀 중심의 삶

▶▶▶ 구원받은 사람이 누릴 수 있는 큰 은혜 중의 하나는 성경을 통해 하나님 아버지의 말씀을 듣고 깨달을 수 있다는 것입니다. 이 말씀을 삶의 중심으로 삼고 살아야 하는데, 말씀 중심의 삶을 살려면 두 가지 훈련이 필요합니다. 먼저 말씀을 기준으로 삼는 철저한 훈련이 필요합니다. 또한 그 말씀이 '앎'에 그치지 않고 실제의 '삶'으로 적용되는 훈련이 필요합니다.

가. 말씀을 기준으로 삼는 삶

그리스도인은 세상 사람들과는 구별된 존재입니다. 따라서 세상 사람들과는 다른 특별한 삶의 원칙으로 살아가야 합니다.

> 너희는 이 세대를 본받지 말고 오직 마음을 새롭게 함으로
> 변화를 받아 하나님의 선하시고 기뻐하시고 온전하신 뜻이
> 무엇인지 분별하도록 하라 로마서 12:2

> 너희가 순종하는 자식처럼 전에 알지 못할 때에 따르던
> 너희 사욕을 본받지 말고 오직 너희를 부르신 거룩한 이처럼
> 너희도 모든 행실에 거룩한 자가 되라 기록되었으되
> 내가 거룩하니 너희도 거룩할지어다 하셨느니라 베드로전서 1:14-16

▶▶▶ 인도자는 그리스도인이라는 명칭의 유래에 대해서 설명합니다. 예수님이 십자가에 돌아가시고 부활하셔서 하늘로 오르신 이후, 하나님께서 보내 주신 성령을 받은 예수님의 제자들은 곳곳에 교회를 세우기 시작했습니다. 새로운 교회의 구성원이 된 예수님의 제자들은 교회 바깥의 세상 사람들과는 다른 종류의 삶을 살기 시작했습니다. 그러자 세상 사람들은 예수님의 제자들에게 '그리스도인'이라는 특별한 이름을 붙여 주었습니다. "바나바가 사울을 찾으러 다소에 가서 만나매 안디옥에 데리고 와서 둘이 교회에 일 년간 모여 있어 큰 무리를 가르쳤고 제자들이 안디옥에서 비로소 그리스도인이라 일컬음을 받게 되었더라"(사도행전 11:25-26)

삶의 원칙을 세우기 위해서는 '기준'이 필요합니다. 무엇을 기준으로 삼느냐에 따라 삶의 방향 자체가 달라집니다. 그리스도인이 삶의 기준으로 삼아야 할 것은 하나님의 말씀, 곧 성경입니다. 말씀은 우리를 옳은 길로 인도합니다. 그리고 하나님의 사람으로 살아가게 하는 능력이 됩니다.

또 어려서부터 성경을 알았나니 성경은 능히 너로 하여금

그리스도 예수 안에 있는 믿음으로 말미암아

구원에 이르는 지혜가 있게 하느니라 모든 성경은

하나님의 감동으로 된 것으로 교훈과 책망과 바르게 함과

의로 교육하기에 유익하니 이는 하나님의 사람으로 온전하게 하며

모든 선한 일을 행할 능력을 갖추게 하려 함이라 디모데후서 3:15-17

▶▶▶ 보이지 않는 하나님께서 자신의 사랑을 사람들이 볼 수 있는 형태로 표현하신 것이 성경말씀입니다. 성경말씀은 하나님께서 우리를 위해 쓰신 러브레터와도 같은 것입니다. 하나님은 우리가 더 행복하도록, 나쁜 길로 빠지지 않도록 필요한 말씀을 성경 안에 일일이 다 담으셨습니다. 인도자는 이 사실을 언급하면서, 말씀을 기준으로 삼으며 사는 것이 우리 삶을 얽매는 것이 아님을 강조합니다. 오히려 그런 삶은 하나님의 사랑을 더욱 깊이 체험하게 하는 지름길이라고 전합니다.

▶▶▶ 또한 인도자는 말씀이 영혼의 양식과도 같다고도 말합니다. 음식 없이 사람이 살 수 없듯, 말씀 없이는 우리의 영이 살 수 없습니다. 인도자는 이처럼 말씀이 그리스도인에게 있어 선택사항이 아닌, 필수적인 요소임을 강조합니다. 말씀을 꾸준히 읽고 그 말씀을 기준으로 삼으며 살아가는 것은 영적 생명이 걸린 일입니다.

나. 말씀을 실천하는 삶

우리는 성경을 통해서 하나님의 말씀을 읽고 들을 수 있습니다. 이렇게 글자로 기록된 하나님의 말씀은 지식의 차원을 뛰어넘어, 행함의 차원으로 나아가야 합니다. 삶 속에서 구체적인 적용이 뒤따라야 합니다.

말씀 실천의 첫 단계는 '결단'입니다. 말씀을 실천하고 싶을 때만 하는 것은 진정한 말씀 실천이 아닙니다. 어떤 상황에서도 말씀대로 살겠다는 결단이 선행되어야 온전한 말씀 실천의 삶으로 나아갈 수 있습니다.

그리스도인은 세상 속에 살아가면서 '하나님 나라의 가치를 선택할 것이냐, 세상의 가치를 선택할 것이냐?'라는 갈등을 경험하게 됩니다. 세상의 안목으로 바라보면 하나님 나라의 가치가 세상 것보다 어리석어 보일 수 있습니다. 때로는 좁고 험한 길로 보이기까지 합니다. 그러나 그리스도인은 말씀에 근거하여 올바른 결단을 할 수 있어야 합니다.

말씀 실천의 삶은 우리로 하여금 세상 가운데서 선한 영향력을 나타내게 합니다. 하나님의 말씀은 정의와 공의를 드러내기 때문입니다. 또한 가장 위대하고 완벽한 윤리를 담고 있기 때문입니다. 그러므로 말씀대로 살고자 결단하고 실천하는 그리스도인은 이 세상에서 빛과 소금의 역할을 감당하게 됩니다.

> 너희는 세상의 소금이니 소금이 만일 그 맛을 잃으면 무엇으로 짜게 하리요
> 후에는 아무 쓸 데 없어 다만 밖에 버려져 사람에게 밟힐 뿐이니라
> 너희는 세상의 빛이라 산 위에 있는 동네가 숨겨지지 못할 것이요
> 사람이 등불을 켜서 말 아래에 두지 아니하고 등경 위에 두나니
> 이러므로 집 안 모든 사람에게 비치느니라
> 이같이 너희 빛이 사람 앞에 비치게 하여 그들로 너희 착한 행실을 보고
> 하늘에 계신 너희 아버지께 영광을 돌리게 하라 마태복음 5:13-16

▶▶▶ 오늘날, 교인임에도 윤리적 범죄를 저지르는 사람이 많아지고 있습니다. 이는 빛과 소금의 역할을 감당해야 할 그리스도인의 사명에 어긋나는 것입니다. 그리스도인은 자신의 잘못된 행동으로 인해 하나님의 영광을 가리는 일이 없도록 주의해야 합니다. 또한 사회의 법과 윤리를 지키는 데에 흠이 없도록 하여 세상 사람들에게 덕을 세워야 합니다. "오직 정의를 물 같이, 공의를 마르지 않는 강 같이 흐르게 할지어다"(아모스 5:24)

2. 생명을 불어넣는 치유의 삶

▶ ▶ ▶ 그리스도인은 예수 그리스도의 삶을 따라가는 존재입니다. 인도자는 죽을 수 밖에 없던 인류에게 생명을 주신 예수님의 삶을 되새겨 보고, 그 삶을 어떻게 따라갈 수 있을지 살펴보자고 말합니다.

가. 치유의 역사를 이어가는 삶

예수님께서는 낮아지시고, 또 낮아지셨습니다. 종의 형체로 이 땅에 오셔서 죽기까지 복종하셨습니다. 예수님께서 그토록 낮아지신 것은 우리를 치유하시고, 살리시기 위함입니다.

> 너희 안에 이 마음을 품으라 곧 그리스도 예수의 마음이니
> 그는 근본 하나님의 본체시나 하나님과 동등됨을 취할 것으로
> 여기지 아니하시고 오히려 자기를 비워 종의 형체를 가지사
> 사람들과 같이 되셨고 사람의 모양으로 나타나사
> 자기를 낮추시고 죽기까지 복종하셨으니
> 곧 십자가에 죽으심이라 빌립보서 2:5-8
>
> 그가 찔림은 우리의 허물 때문이요 그가 상함은 우리의 죄악 때문이라
> 그가 징계를 받으므로 우리는 평화를 누리고 그가 채찍에 맞으므로
> 우리는 나음을 받았도다 이사야 53:5

그리스도인은 예수님의 낮아지심을 배우고, 낮은 곳을 찾아가야 합니다. 상처가 있는 곳에 찾아가 어루만져 주어야 하고, 영육간의 질병과 고통 속에 거하는 사람을 위해 중보기도 해주어야 합니다.

치유의 삶은 일상에서도 지속되어야 합니다. 예수님의 치유 사역은 '살리는 일', 곧 '생명을 불어넣는 일'이었습니다. 그러므로 그리스도인 역시 일상에서 '무엇이 살리는 일이고, 무엇이 죽이는 일인지'를 분명하게 살필 수 있어야 합니다. 행동 하나를 하더라도 나와 남을 살릴 수 있는 행동을 해야 합니다. 말 한마디를 하더라도 나와 남을 살릴 수 있는 말을 해야 합니다. 이것이 예수님의 치유 역사를 이어나가는 길입니다.

▶▶▶ 환경이나 형편이 나빠지면, 남을 돌아보기가 쉽지 않습니다. 자신의 처지를 살피기에도 버겁다고 여기기 때문입니다. 인도자는 그런 경우에라도 이웃을 향한 치유의 삶이 끊이지 말아야 한다고 강조합니다. 그리고 그 이유는 우리가 가진 모든 것이 하나님께서 선물로 주신 것이기 때문이라고 전합니다. 우리는 모든 것을 거저 받았기 때문에 어떤 상황에서든지 아까워하지 않고 베풀 수 있습니다. "병든 자를 고치며 죽은 자를 살리며 나병환자를 깨끗하게 하며 귀신을 쫓아내되 너희가 거저 받았으니 거저 주라"(마태복음 10:8) 우리는 우리가 지금 가지고 있는 것만으로도 충분히 누군가를 살릴 수 있습니다. 물질이 없으면, 따뜻한 말 한마디로도 이웃을 살릴 수 있습니다. 진심이 담긴 중보기도를 통해서도 이웃을 살릴 수 있습니다.

나. 사랑으로 치유하는 삶

치유의 원동력은 기술이나 능력이 아닌 사랑입니다. 탁월한 언변이나 지혜로 누군가의 상처와 아픔을 치유할 수 있는 것이 아닙니다. 예수님께서 사랑으로 십자가에서 피 흘려 돌아가심으로 인류를 살리신 것처럼, 우리도 그 사랑에 힘입어서 치유의 역사를 이어가야 합니다.

사랑은 예수님께서 우리에게 주신 새로운 계명입니다. 예수님께서는 하나님을 사랑하고, 이웃을 내 몸과 같이 사랑해야 한다고 말씀하셨습니다. 따라서 사랑은 우리 자신이 그리스도인임을 증명할 수 있는 참된 증거입니다.

> 새 계명을 너희에게 주노니 서로 사랑하라
> 내가 너희를 사랑한 것 같이 너희도 서로 사랑하라 너희가 서로 사랑하면
> 이로써 모든 사람이 너희가 내 제자인 줄 알리라 요한복음 13:34-35

동시에 사랑은 성령의 열매를 맺는 것이며, 하나님의 성품에 참여하는 것입니다.

> 오직 성령의 열매는 사랑과 희락과 화평과 오래 참음과 자비와
> 양선과 충성과 온유와 절제니 이같은 것을 금지할 법이 없느니라
> 그리스도 예수의 사람들은 육체와 함께 그 정욕과 탐심을
> 십자가에 못 박았느니라 만일 우리가 성령으로 살면
> 또한 성령으로 행할지니 갈라디아서 5:22-25
>
> 이로써 그 보배롭고 지극히 큰 약속을 우리에게 주사
> 이 약속으로 말미암아 너희가 정욕 때문에 세상에서 썩어질 것을 피하여
> 신성한 성품에 참여하는 자가 되게 하려 하셨느니라
> 그러므로 너희가 더욱 힘써 너희 믿음에 덕을, 덕에 지식을,
> 지식에 절제를, 절제에 인내를, 인내에 경건을, 경건에 형제 우애를,
> 형제 우애에 사랑을 더하라 베드로후서 1:4-7

▶▶▶ 치유의 원동력이 되는 사랑은 우리가 예상치 못한 기적을 동반하기도 합니다. 만약 우리가 곤궁에 처했음에도 예수님의 사랑에 힘입어 치유의 역사를 이어 간다면, 그 치유의 역사는 상대에게만 임하지 않습니다. 그 사랑을 전한 나에게 갑절로 임합니다. 인도자는 이것이 예수님의 사랑이 가지고 있는 위대한 힘임을 전합니다. 그리고 이 사실을 기억하면서 생명을 불어넣는 치유 역사에 더욱 열심히 동참하자고 권면합니다.

3. 복음을 전파하는 삶

▶▶▶ 우리는 예수 그리스도의 복음을 믿고 받아들여 구원을 받았습니다. 복음은 말 그대로 '기쁜 소식'입니다. 그것은 우리에게만 기쁜 소식이 아니라, 세상 모든 사람에게도 기쁜 소식입니다. 인도자는 이 기쁜 소식을 혼자만 알고 있을 수 없다고 말하며 복음 전파에 힘쓸 것을 강조합니다. 그리고 어떤 자세로 복음 전파에 임해야 하는지 살펴보자고 말합니다.

가. 복음 전파가 생활이 되는 삶

예수님께서 이 땅에 오셔서 가장 먼저 하신 일은 하나님 나라를 선포하고, 복음을 전파하는 것이었습니다. 복음 전파는 예수님의 공생애 사역 가운데에 계속 이어졌습니다.

> 이때부터 예수께서 비로소 전파하여 이르시되
> 회개하라 천국이 가까이 왔느니라 하시더라
> 예수께서 온 갈릴리에 두루 다니사
> 그들의 회당에서 가르치시며 천국 복음을 전파하시며
> 백성 중의 모든 병과 모든 약한 것을 고치시니 마태복음 4:17, 23

예수님께서 하늘로 올라가시면서 남기신 마지막 명령 역시 복음을 세상 끝까지 전파하는 것이었습니다.

또 이르시되 너희는 온 천하에 다니며 만민에게 복음을 전파하라

마가복음 16:15

오직 성령이 너희에게 임하시면 너희가 권능을 받고
예루살렘과 온 유대와 사마리아와 땅 끝까지 이르러
내 증인이 되리라 하시니라 사도행전 1:8

복음 전파는 예수님께서 우리에게 맡기신 사명인 만큼 매우 중요합니다. 또한 복음 전파는 영혼을 살리는 일입니다. 이 세상에서 한 영혼을 살리는 일보다 더 중요한 것은 없습니다.

사람이 만일 온 천하를 얻고도 제 목숨을 잃으면 무엇이 유익하리요
사람이 무엇을 주고 제 목숨과 바꾸겠느냐 마태복음 16:26

따라서 복음 전파는 우리의 '생활'이 되어야 합니다. 성경은 상황이 어떠하든 복음을 증거하기 위해 힘쓰라고 전합니다. 그리스도인은 어느 곳에 있든지, 어떤 사람을 만나든지 간에 복음을 전파할 기회를 얻고자 노력해야 합니다.

너는 말씀을 전파하라 때를 얻든지 못 얻든지 항상 힘쓰라……

디모데후서 4:2

무엇보다 우리의 삶이 섬김과 봉사로 넘치는 작은 예수의 삶이 되어야 합니다. 예수님을 나의 삶으로 증거하는 것이 살아 있는 복음 전파입니다.

▶ ▶ ▶ 인도자는 복음을 전파하는 것에는 간접적인 전도 역시 포함됨을 전합니다. 누군가에게 직접적인 말로 복음을 전하기도 하지만, 내 삶을 통해서도 복음을 전할 수 있습니다. 이것은 일상에서의 행동과 말을 통해 하나님을 느끼게 하는 방법입니다. 즉, 복음을 받아들인 내 삶에 행복이 넘쳐나고, 내 행동이 언제나 올바르면 사람들에게 감화를 줄 수 있습니다. 그리고 사람들은 그 행복과 올곧음의 원천에 대해 호기심을 갖게 되고 내가 만난 하나님을 동일하게 만나고 싶어 하게 됩니다. 인도자는 이런 삶 역시 복음 전파를 생활화할 수 있는 중요한 방법이라고 전합니다.

나. 복음 전파를 위해 생명을 거는 삶

그리스도인은 복음 전파를 '여유 있을 때 하는 취미 생활'이 아닌, '인생의 목적'으로 삼아야 합니다. '생명을 건다' 라는 각오로 복음을 전파해야 합니다.

하나님의 원수인 사탄은 복음의 증인들을 핍박하며 복음 전파하는 일을 끊임없이 방해하고 있습니다. 복음 전파의 역사를 돌아보면 복음을 전하기 위해 많은 사람이 희생되었음을 알 수 있습니다. 지금도 복음 전파에는 핍박과 고난이 존재합니다. 하지만 그리스도인은 이러한 고난과 어려움을 이겨내고 복음을 전파하는 사명을 끝까지 감당해야 합니다. 하나님께서는 그분의 나라를 구하며 사명을 감당하는 자들과 함께 하시며 그들에게 예비하신 면류관을 허락하실 것입니다.

> 오직 성령이 각 성에서 내게 증언하여 결박과 환난이
> 나를 기다린다 하시나 내가 달려갈 길과 주 예수께 받은 사명
> 곧 하나님의 은혜의 복음을 증언하는 일을 마치려 함에는
> 나의 생명조차 조금도 귀한 것으로 여기지 아니하노라 사도행전 20:23-24

▶▶▶ 인도자는 복음을 전하는 사람에게는 단지 하늘의 상급만 주어지는 것이 아님을 강조합니다. 복음을 전파하는 자는 이 땅에서도 놀라운 하나님의 복과 은혜를 체험하게 됩니다. 특히 복음을 증거하는 자체가 복인데, 복음을 전하다 보면 그 과정 속에서 세상이 줄 수 없는 기쁨을 누리게 됩니다. 그것은 예수님이 복음 전하는 자와 늘 함께 하시기 때문입니다. 그러므로 복음 전파의 삶은 곧 예수님과 동행하는 삶이라고 할 수 있습니다. 과거 신앙의 선조들을 비롯하여, 고난 받으면서까지 복음을 전했던 사람들이 복음 전파를 포기하지 않았던 이유도 여기에 있습니다. 그들은 아무리 큰 고난 가운데 던져진다 할지라도, 예수님이 고난의 자리에 함께 하시고 곁에서 위로하시는 것을 느꼈습니다. 인도자는 우리도 복음 전파하는 가운데 이 기쁨을 누릴 수 있다고 전합니다.

1. 예수님의 성품을 닮은 그리스도인을 만나보았거나 그에 관한 이야기를 들은 경험이 있다면 나누어 봅시다.

▶▶▶ 사실 우리 주변에서 전인적으로 예수님을 닮은 사람을 찾기는 어렵습니다. 그러나 부분적으로라도 예수님의 삶을 따르고자 부단히 노력하는 사람들은 많습니다. 인도자는 이런 모습 속에서도 큰 도전을 받을 수 있다고 말하면서, 그런 사례에 대해 자유롭게 이야기할 수 있도록 유도합니다.

2. 오늘날 현실 속에서 '생명을 전하는 역사'가 특별히 필요한 곳은 어디일까요? 함께 나누어 보고, 그곳에서 치유의 역사를 일으키기 위한 작은 실천 방안에 대해서 나누어 봅시다.

▶▶▶ 인도자는 대표적인 예를 몇 가지 들어 줍니다.
첫째, 소외계층입니다. 차상위계층, 노숙자, 독거노인, 소년소녀가장, 장애인들은 언제나 도움의 손길을 구합니다. 예수님이 이런 이웃들을 찾아가셨듯이, 오늘날 우리 역시 이들을 살리기 위해 찾아 나서야 합니다.
둘째, 마음에 병이 있는 사람입니다. 겉보기에는 전혀 어려움이 없어 보이지만, 마음은 누구보다도 심하게 병들어 있는 사람들이 있습니다. 특히 오늘날에는 그런 사람들이 더욱 늘고 있습니다. 살리는 역사는 이들에게도 절실함을 기억해야 합니다.
셋째, 어린이와 청소년들입니다. 이들은 어른들에 비해 나약한 존재입니다. 그렇기 때문에 쉽게 상처받고, 쉽게 나쁜 문화에 휩쓸릴 수 있습니다. 우리는 이들이 나의 자녀, 나의 친구라는 생각을 가지고 찾아가야 합니다. 남모를 그들의 문제를 위로하고 기도해 줌으로써 살리는 역사를 일으켜야 합니다.

주제 말씀 암송

너희는 세상의 소금이니 소금이 만일 그 맛을 잃으면 무엇으로 짜게 하리요 후에는 아무 쓸 데 없어 다만 밖에 버려져 사람에게 밟힐 뿐이니라 너희는 세상의 빛이라 산 위에 있는 동네가 숨겨지지 못할 것이요 사람이 등불을 켜서 말 아래에 두지 아니하고 등경 위에 두나니 이러므로 집 안 모든 사람에게 비치느니라 마태복음 5:13-15

▶▶▶ 이 성구가 중요한 것은 그리스도인이 이 세상에서 어떤 존재여야 하는지를 비유(빛과 소금)를 통해 명쾌하게 보여 주고 있기 때문입니다. 인도자는 이 말씀대로, 빛과 소금으로서 세상에 선한 영향력을 끼칠 것을 서로 다짐해 보자고 말합니다.

▶▶▶ 인도자는 마음에 새기기를 통해 이 과에서 배운 내용을 점검하고 중요 내용을 숙지할 수 있어야 한다고 말합니다. 읽을 때에는, 스스로 읽고 복습하는 것도 좋지만 서로 짚어 주는 것이 더 효과적일 수 있습니다. 그러므로 소그룹별로 읽어볼 수 있도록 유도합니다. 또한 인도자는 1주에 한 번 이상 이 내용을 각자 체크할 수 있도록 권면합니다.

그리스도인은 말씀을 실천하는 사람입니다

1. 그리스도인은 말씀을 삶의 원칙으로 삼아야 합니다.
2. 그리스도인은 어떤 상황에서든지 말씀대로 살겠다는 결단을 해야 합니다.
3. 말씀 실천의 삶은 나 자신을 변화시키고, 더 나아가 세상 가운데서 선한 영향력을 끼치게 합니다.

그리스도인은 치유하는 삶을 살아야 합니다

1. 예수님께서는 낮아지셔서 사람들을 치유하시고, 살리셨습니다.
2. 그리스도인은 예수님처럼 생명을 전하는 일에 관심을 두고 치유의 역사를 이어가야 합니다.
3. 예수님께서 보여 주신 십자가의 사랑은 치유 역사의 원동력이 됩니다.

그리스도인은 복음을 전파하는 사람입니다

1. 복음을 전파하는 것은 예수님의 주된 사역이자 지상명령입니다.
2. 그리스도인은 복음을 전파하는 데에 항상 힘써야 합니다.
3. 그리스도인은 복음을 전파하는 데에 따른 고난을 예수님과 동행함으로 이겨낼 수 있습니다.

▶▶▶ 인도자는 이 과를 정리하며 마무리합니다. 이 과는 참된 그리스도인으로서 살아가려는 '결단'이 요구됩니다. 인도자는 배운 내용을 다 익히는 것보다 더 중요한 것은 하나라도 더 실천하려는 의지와 자세임을 강조합니다.

| 참고문헌 |

로드만 윌리엄스 저, 박정렬 외 1명 역, 『조직신학(오순절 은사주의)』,
한세대학교말씀사, 2007.
루이스 벌코프 저, 권수경 외 1명 역, 『벌코프 조직신학』, 크리스챤다이
제스트, 2005.
이영훈 저, 『하나님이 기뻐하시는 교회』, 서울말씀사, 2009.
이영훈 저, 『4차원의 영성 – 리더십 학교』, 교회성장연구소, 2010.
이영훈 저, 『제자의 길』, 서울말씀사, 2010.
이영훈 저, 『4차원의 영성 – 전도 학교』, 교회성장연구소, 2010.
이영훈 저, 『4차원의 영성 – 중보 기도 학교』, 교회성장연구소, 2011.
한국조직신학회, 『교회론』, 대한기독교서회, 2009.
존 칼빈 저, 최도형 역, 『신앙입문』, 대한기독교서회, 1994.

| 추천도서 |

※ 추천도서는 시간이 날 때 자유롭게 읽을 수 있도록 권장합니다.
혹은 소그룹별로 독서보고서를 써서 함께 나누는 방법도 좋습니다.

오스왈드 챔버스 저, 스데반 황 역, 『그리스도인의 정체성』, 토기장이,
2009.

MTS 신앙 입문 학교 - 지침서 -

초판 1쇄 발행 2012년 10월 30일
초판 2쇄 발행 2013년 11월 8일

지은이 이영훈
펴낸곳 교회성장연구소
편집인 이장석
편집장 노인영
기획 및 편집 박은혜 백지희 김태희 김수현 이초롱
디자인 박진실
마케팅 이승조 문기현
MTS 사역 김미현 강지훈 이기쁨 이경재 전성은
행   정 박경희 김수정

등록번호 제12-177호
주 소 서울특별시 영등포구 여의공원로 101번지 CCMM빌딩 9층 901A호
전 화 02-2036-7912~3
팩 스 02-2036-7910
웹사이트 www.pastor21.net
MTS 전문몰 www.pastormall.net

ISBN 978-89-8304-197-5 04230

"무슨 일을 하든지 마음을 다하여 주께 하듯 하라"(골 3:23) ─────

교회성장연구소는 한국 모든 교회가 건강한 교회성장을 이루어 하나님 나라에 영광을 돌리는 일꾼으로 성장하는 것을 목표로, 목회자의 사역은 물론 도들의 영적 성장을 도울 수 있는 필독서들을 출간하고 있다. 주를 섬기는 사명감을 바탕으로 모든 사역의 시작과 끝을 기도로 임하며 사람 중심이 아닌 하나님 중심으로 경영한다. "무슨 일을 하든지 마음을 다하여 주께 하듯 하라"는 말씀을 늘 마음에 새겨 하나님이 주신 사명을 기쁨으로 감당한다.